Joseph H Reinkens

Die Lehre des heil. Cyprian von der Einheit der Kirche

Joseph H Reinkens

Die Lehre des heil. Cyprian von der Einheit der Kirche

ISBN/EAN: 9783744668705

Hergestellt in Europa, USA, Kanada, Australien, Japan

Cover: Foto ©Lupo / pixelio.de

Weitere Bücher finden Sie auf **www.hansebooks.com**

Die Lehre des heil. Cyprian

von der

Einheit der Kirche.

Dargestellt

von

Dr. Joseph Hub. Reinkens,
Professor der Kirchengeschichte.

Würzburg.
Druck und Verlag der Stahel'schen Buch- und Kunsthandlung.
1873.

Inhaltsverzeichniß.

Seite.

Einleitung 1

Erstes Kapitel.
Von der Einheit der Einzelkirche.

§. 1. Ein übersehener Unterschied 2
§. 2. Die Einheit der Einzelkirche 4
§. 3. Die Bewahrung der Einheit durch legitime Wahl und Nachfolge der Bischöfe 11
§. 4. Widersprüche 14
§. 5. Des Bischofs Stellung zur Gemeinde 16

Zweites Kapitel.
Die Einheit der Gesammtkirche.

§. 1. Petrus ohne reale Beziehung zur Einheit der ganzen Kirche 22
§. 2. Bedeutung des Stuhles Petri zu Rom 25
§. 3. Der Bischof von Rom ist nicht das Oberhaupt des Bischofs von Carthago 28

		Seite.
§. 4.	Der Bischof von Rom ist nicht das Oberhaupt der Gesammtkirche:	
	a) Beweisende Thatsachen	35
	b) Prinzipielle Verneinung des römischen Primats	44
§. 5.	Die collegialische Einheit	49
§. 6.	Die Einheit der Gesammtkirche ist ihrer Natur nach Concordia oder Einmüthigkeit	52

Vorwort.

Wo steht Cyprian? Auf der Seite des vaticanischen Paganismus oder in der altkatholischen Kirche? Das ist jetzt eine brennende Frage.

Die unleugbare große Bedeutung dieses energischen, stets auf das Praktische gerichteten Mannes für die Entwickelung der Episcopalverfassung der katholischen Kirche brachte es mit sich, daß er zu allen Zeiten in der Verfassungsfrage und Polemik eine Rolle spielte. Sein Martyrer-Ruhm, der ihm für die alte Zeit ausnahmsweise einen jährlichen Festtag zu Rom sicherte, lenkte ohnehin frühzeitig die Aufmerksamkeit der abendländischen Christen auf ihn und seine Schriften. Diese wurden in zahlreichen Handschriften vervielfältigt, fehlerhaft abgeschrieben und bei der steigenden Macht der römischen Bischöfe und der ernstlichen Aufnahme der Idee des Universalepiscopats absichtlich gefälscht zu Gunsten des Primats und schließlich mit den erkannten Fälschungen auf Betrieb der römischen Curie durch Befehl der officiellen Censur zu Rom und Paris im Druck verbreitet und bis auf die neueste Zeit als ultramontane Waffen gebraucht.

Erst in unseren Tagen haben wir der Wiener Academie der Wissenschaften eine in dem Corpus Scriptorum eccl. latinorum Vol. III. erschienene, allen Anforderungen genügende kritische Ausgabe zu verdanken. Sie ist veranstaltet von Wilhelm Hartel, welcher, mit kritischer Methode vertraut, mit unermüdlichem Fleiße vor keiner noch so langwierigen Arbeit zurückschreckend, erst nachdem er die umfassendste Kenntniß der zahlreichen Handschriften=Familien, die wieder in den verschiedensten Abschriften existiren, erlangt und nachdem er sich alle gedruckten literarischen Hülfsmittel dienstbar gemacht, das verdienstvolle Werk vollendete. Urzählige Stellen haben Emendationen aus den besten und ältesten Handschriften erfahren. Daß der Herausgeber in Conjecturen, zu welchen die Handschriften keinen Anhalt boten, sparsamer gewesen, macht seiner Besonnenheit Ehre. Die Ausgabe besteht aus drei Theilen, deren erster 1868 erschien; die beiden andern folgten 1871.

Wir wissen also nun, was der heil. Cyprian geschrieben hat. Erst jetzt ist es daher möglich, seine Lehre von der Einheit der Kirche zuverlässig darzustellen. Dazu gehört freilich auch noch historischer Sinn und die Fähigkeit, die Sprache eines Schriftstellers aus dem dritten Jahrhundert zu vernehmen. Wer in den Worten vergangener Jahrhunderte nur das vernimmt, was sein eigener Geist in denselben Ausdrücken zu denken gewohnt ist, der thut den Geistern der Vergangenheit Gewalt an. Dies erklärt die Erscheinung, daß diametral einander entgegengesetzte Auffassungen der Lehre des heil. Cyprian von der Einheit der Kirche auch jetzt noch geltend gemacht werden.

Da es unsere Absicht ist, diese Lehre in knapper Darstellung hier einem größeren Publikum zugänglich zu machen, so kann auf eine ausführliche Würdigung der vorhandenen Literatur nicht eingegangen werden, doch darf die neueste Leistung ultramontanerseits nicht unberücksichtigt bleiben. Nicht an die Mißhandlung Cyprian's in Kellner's unreifem Buch denken wir, sondern an die Leistung des Luxemburger Seminarprofessors Dr. Joh. Peters in der 1870 zu Luxemburg (bei Peter Brück) veröffentlichten „Festschrift zur Feier der Inthronisation des ersten Bischofs von Luxemburg" mit dem Titel: „Die Lehre des heil. Cyprian von der Einheit der Kirche gegenüber den beiden Schismen in Carthago und Rom." Die Tübinger Quartalschrift hat dies Buch sehr gelobt; wir bedauern, in dieses Lob nicht einstimmen zu können.

Der Verfasser liest die vollständige Theorie der vaticanischen Kirche aus den Schriften des heil. Cyprian heraus, der von dem Vaticanismus keine Ahnung hat. Peters bedarf der plumpen Interpolationen im vierten Kapitel der Schrift De catholicae ecclesiae unitate nicht, — er liest das Alles, was die Fälschungen wollten, zwischen den Zeilen. In der That, eine so harmlose Verwendung aller Worte Cyprian's, welche den römischen Paganismus vernichten, zur Stütze und Belebung desselben ist mehr unterhaltend, als Unwillen erregend.

In unsere Darstellung werden wir nur selten die Polemik gegen andere Auffassungen verflechten; die positive Darlegung des Inhaltes der Cyprian'schen Schriften mag für sich selbst reden.

Breslau, Ende Mai 1873.

Der Verfasser.

Einleitung.

Cyprian, der mächtige Bischof von Carthago um die Mitte des dritten Jahrhunderts, — ein großer Name, vielberühmt im christlichen Alterthume, hochgeehrt in der Kirche zu allen Zeiten, ihren Heiligen zugezählt, obgleich von dem römischen Papste excommunicirt und ein unbekehrter Irrlehrer in Bezug auf das nothwendigste Sakrament, die Taufe, — wird jetzt auch vielfach angerufen in dem Streite über des Papstes Allgewalt und seine göttliche Prärogative der Unfehlbarkeit. Die Ultramontanen verehren in ihm die ungefälschte Stimme des Evangeliums für die Lehre von der Verfassung und Einheit der Kirche, indem ihnen seine hierarchischen Neigungen sympathisch sind. Wenn nun hier eingeräumt wird, daß er auch als Zeuge für die göttlichen Institutionen in der Kirche ein fehlbarer Mensch war, so soll damit keineswegs auch zugestanden sein, daß er etwa für die Behauptungen der römischen Hoftheologen Zeugniß ablege. Mit diesen hat er nichts gemein. Fehlbar war er. Ohne auf seine Ansicht über die Ketzertaufe hier einzugehen, sei nur dies bemerkt. Die Wunder, welche er in der Schrift De lapsis als an den noch nicht durch Buße gesühnten Gefallenen in Bezug auf die Eucharistie geschehen erzählt, sind so augenscheinlich gegen den Geist des Christenthums, und das eine an einem unmündigen Kinde, das äußerlich an einem Götzenopfer Theil genommen, ist so unvernünftig, daß es gewiß erlaubt ist, auch Cyprian's Ansichten im Lichte des Evangeliums noch zu prüfen. Auch die Schrift an Demetrian ist in dieser Hinsicht lehrreich. Cyprian erklärt dort den Mangel an Regen im Winter und an Wärme im Sommer, die Mattigkeit der Sonnenstrahlen, die Unfruchtbarkeit der Vegetation, die geringe Ergiebigkeit der Bergwerke, das frühe Grauwerden und Ausfallen der Haare ec. aus dem Altwerden der Welt. „**Alles, was jetzt geboren wird, entartet durch das Greisenalter der Welt.**" Das war ein offenbarer schwerer Irrthum des frommen Kirchenvaters. Bei diesen Proben seiner Irrthumsfähigkeit mag es indessen hier sein Bewenden haben.

Dennoch ist er ein gewichtiger Zeuge dafür, wie die besten Christen seiner Zeit das Wesen und die Einheit der Kirche aufgefaßt haben. Er ist ein ernster Schüler Tertullian's, mit dem er fest und sicher in die Fußstapfen der apostolischen Tradition tritt, und er liebt die Wahrheit bis zu dem Grabe, daß er Blutzeuge für sie wird. Durch seine reine Natur leuchtet selbst in seiner Lehre von der Einzelkirche hinsichtlich der Einheit, obgleich er hier eine juristisch-hierarchische Idee einmischt, das apostolische Leben in der Einheit, wie es die erste christliche Gemeinde offenbarte, noch hindurch.

Erstes Kapitel.
Von der Einheit der Einzelkirche.
§. 1.
Ein übersehener Unterschied.

Wer fähig dazu ist, einen Schriftsteller nach dem Geiste seiner Zeit und nach seiner individuellen Ausdrucksweise zu verstehen, wird, wenn er die Abhandlungen und Briefe des heil. Cyprian liest, darüber nicht wenig erstaunen, daß die Ultramontanen diesen überaus unabhängigen Charakter **trotz seines**

offenen Bruches mit Rom und trotz seiner ganz
speciellen und klaren Verwerfung des Universal=
bischofs, die er in positiver wie in negativer Wendung aus=
spricht, zum Anhänger ihres Papalsystems machen. Des Räth=
sels Lösung giebt die Beobachtung, daß sie Alles, was Cyprian
von der Einheit der Einzelkirche sagt, auf die Gesammt=
kirche übertragen. Sie haben den großen Unterschied, der hier
bei diesem Schriftsteller zu constatiren ist, übersehen. Denn bei
Cyprian ist sorgfältig zu unterscheiden zwischen der Einheit inner=
halb derselben Gemeinde mit Einem Haupte und vielen Gliedern
und zwischen der Einheit aller Gemeinden in Beziehung auf
einander, — zwischen dem innern Frieden einer christlichen Stadt
und dem Frieden der Christen des ganzen Erdkreises, soweit
das Christenthum ihn umspannte. In der berühmten Schrift
über die Einheit der katholischen Kirche ist fast ausschließlich
von der Einheit der Einzelgemeinde, von dem Frieden
innerhalb Einer Diöcese, wie wir jetzt sagen würden, die Rede.
Ja, überall, wo die Einheit im prägnanten Sinne betont und
das Heil der Seelen von derselben abhängig gemacht wird, ist
nur die Einheit der Gemeinde in sich, nicht aber die
corporative Einheit der Gesammtkirche gemeint, indem durch
jene die Theilnahme an der idealen Einheit der Christenheit
gedacht wird. Ebenso ist, wo der Gedanke an die Einheit der
Kirche eine juristische Form oder, man möchte sagen, Schattir=
ung annimmt, wo nur ein Schein der juridischen Betrachtungs=
weise sich zeigt, stets die Einzelgemeinde in Betracht gezogen.

Man sollte freilich meinen, aus der Einheit der Einzelkirche
erbaue sich die Einheit der Gesammtkirche, die Qualität, die
wesentliche Beschaffenheit der einen sei die der andern. Ver=
nünftig, logisch wäre dies. Aber Cyprian hat die Consequenz
nicht gezogen. Im Widerspruch befindet er sich: das ist nicht
zu leugnen. Aber diesen Widerspruch muß der gewissenhafte
Historiker stehen lassen; er fragt nicht, was der große Bischof
von Carthago hätte lehren sollen, sondern was derselbe gelehrt
hat.

Diese Bemerkungen schienen wichtig genug, sie einem eigenen Paragraphen zuzuweisen.

§ 2.
Die Einheit der Einzelkirche.

Wie schön auch Cyprian das Wesen der Einheit der Kirche im Allgemeinen hervorgehoben und geschildert und damit auf den Boden des Ewigen sich gestellt hat, so ist er doch bei der sichtbaren, äußerlich wahrnehmbaren Gestaltung derselben auf etwas Zufälliges verfallen. Er ist kein Theoretiker; alle seine Lehren sind unmittelbar auf das Practische gerichtet. Und so hat auch seine Lehre von der Einheit der Kirche stets das Greifbare im Auge. Der Gläubige soll wissen, wo und wann er sich in der Einheit befindet. Greifbar kann diese zunächst nur in der Einzelkirche sein. Und hier bestimmte er das Zufällige als Kennzeichen der Theilnahme an dem Wesen; denn er stellte den Satz auf, daß derjenige in der Einheit der Kirche sich befinde, welcher im juristischen Zusammenhange mit der Person des Localbischofs stehe, die, wenn auch legitim gewählt, doch immer zufällig ist.

Er geht aber so weit, daß er in seiner Schrift über die Einheit der Kirche sogar die Worte Christi: „Und es wird sein Eine Heerde und Ein Hirt", auf die Localeinheit deutet, indem er mit Beziehung auf dieselben fragt: „und es meint Jemand, es könne an einem Orte viele Hirten und mehrere Heerden geben?"

Damit stimmt überein, daß er als die Ursache der Zerrissenheit in der Kirche solche Christen bezeichnet, welche sich ohne gesetzliche Wahl zu Bischöfen neben den legitimen aufwerfen. Er spricht pro domo; er ist Advocat seiner eigenen Sache. Eine solche Spaltung hatte nämlich eine Gegenpartei zu Carthago ihm selbst hervorgerufen. Darüber schreibt er an seine Gemeinde, an das Volk (Ep. 43). In diesem Briefe rechnet er es seinen Gegnern als Verbrechen an, daß sie einen

Theil der zerrissenen Brüdergemeinde gegen das (einheitliche) Priesterthum Gottes hätten bewaffnen wollen, und nachdem er auf den Mißbrauch der Gefallenen zu diesem Zwecke hingewiesen und auf die Corruption einzelner Bekenner, ruft er aus: „Gott ist Einer und Christus Einer; Eine ist auch die Kirche und Eine die durch des Herrn Wort auf Petrus gegründete Cathedra! Ein anderer Altar kann nicht errichtet werden, ein neues Priesterthum nicht entstehen neben dem Einen Altar und dem Einen Priesterthum!" Dieses in sich Eine Sacerdotium (Priesterthum) mit diesem Einen Altar hat nun Cyprian zu Carthago durch die legitime Wahl und damit durch ein Gottesurtheil inne, und es kann sich neben ihm kein zweites, neues Priesterthum (in einem nicht aus gesetzlicher Wahl hervorgehenden Gegenbischofe) constituiren: das ist der Sinn und Gedankengang. An die Cathedra zu Rom wird hierbei durchaus nicht gedacht. Die Beziehung auf die Person des Petrus geht über dessen Person auch nicht hinaus. Petrus ist die persönliche Veranschaulichung der Idee der Einheit; mit seiner Nachfolge hat dies nichts zu thun. Bei genauerer Einsicht des Zusammenhanges finden wir, daß Cyprian in seinen Schriften nicht ein einziges Mal die Bischöfe von Rom in Beziehung zur Einheit der Gesammtkirche setzt. Wenn der Bischof von Rom sich auch hundertmal mit dem Gegenbischofe Cyprians in Kirchengemeinschaft eingelassen, diesen dagegen excommunicirt hätte, so würde nicht der Bischof von Carthago, sondern der Papst von Rom nach der Anschauung des ersteren ins Schisma gefallen sein.

Doch wir müssen hier das Verhältniß des Petrus zur Kircheneinheit genau ermitteln. Dazu giebt uns den Anhaltspunkt eine classische Stelle aus dem 4. Kap. des Buches von der Einheit der katholischen Kirche, deren Wortlaut dieser ist:[1]

„Es spricht der Herr zu Petrus: Ich sage dir: Du bist

---

[1] Es wird in dieser Schrift citirt nach der im Vorwort näher bezeichneten Ausgabe der Werke Cyprian's von Wilh. Hartel.

Petrus, und auf diesen Felsen werde ich meine Kirche bauen, und die Pforten der Hölle werden sie nicht überwinden. Dir werde ich die Schlüssel des Himmelreichs geben; und was du binden wirst auf Erden, wird auch gebunden sein im Himmel, und was du lösen wirst auf Erden, wird auch gelöst sein im Himmel (Matth. 16, 18). Auf Einen bauet Er die Kirche, und obgleich Er nach seiner Auferstehung allen Aposteln die gleiche Gewalt ertheilt und sagt: Wie Mich der Vater gesandt hat, sende auch Ich Euch! Empfanget den heiligen Geist: wem Ihr die Sünden erlassen werdet, dem werden sie erlassen sein, und wem Ihr sie behalten werdet, dem werden sie behalten sein (Joh. 20, 21—23), so hat er doch, um die Einheit zu offenbaren[1]) vermöge seiner Auctorität die Anordnung getroffen, daß eben dieser Einheit Ursprung von Einem anfange. Ganz dasselbe, was Petrus gewesen ist, waren allerdings auch die übrigen Apostel, — mit dem gleichen Loose sowohl der Ehre (Würde) als der (Jurisdictions- und Weihe)-Gewalt ausgestattet, — aber der Anfang geht von der Einheit aus, damit die Kirche als die Eine dargethan werde. Auf diese eine Kirche deutet der heil. Geist im Hohenliede hin, indem Er in der Person des Herrn redend spricht: Eine ist meine Taube ꝛc. Wer diese Einheit der Kirche nicht festhält, wie meint der etwa den Glauben festzuhalten? Wer der Kirche sich widersetzt und widersteht, wie vertraut der noch darauf, in der Kirche zu sein? Da doch auch der selige Apostel Paulus dasselbe lehrt und das Geheimniß

---

[1]) Krabinger's Uebersetzung der Worte: ut unitatam manifestaret, „um die Einheit sichtlich darzustellen", ist ebenso unrichtig, wie die des Dr. Peters, „um die Einheit sichtbar zu machen". Der Herr stellte, als Er so redete, die Kirche noch nicht sichtlich dar, Er machte sie noch nicht sichtbar, sondern Er offenbarte, wie sie sein würde, Er machte das Gesetz der Einheit als ein für sie maßgebendes bekannt.

der Einheit darthut, indem er spricht: Ein Leib und Ein Geist, Eine Hoffnung Eurer Berufung, Ein Herr, Ein Glaube, Eine Taufe, Ein Gott!"

Es ist unleugbar, daß die ganze Tendenz dieser Stelle auf den Beweis abzielt, daß Christus die Einheit als zum Wesen der Kirche gehörend gelehrt und durch die an Petrus gerichteten Worte diese Lehre anschaulich gemacht habe. Ebenso unleugbar ist, daß nur von Petrus und nicht von Nachfolgern desselben dabei die Rede ist [1]).

---

[1]) Die Stelle lautet im Originaltexte so: Loquitur Dominus ad Petrum: Ego tibi dico, inquit, quia tu es Petrus et super istam petram aedificabo ecclesiam meam, et portae inferorum non vincent eam. Dabo tibi claves regni caelorum: et quae ligaveris super terram erunt ligata et in caelis, et quaecumque solveris super terram, erunt soluta et in caelis. Super unum aedificat ecclesiam, et quamvis apostolis omnibus post resurrectionem suam parem potestatem tribuat et dicat: sicut misit me pater et ego mitto vos. accipite Spiritum sanctum: si cuius remiseritis peccata, remittentur illi: si cuius tenueritis, tenebuntur, tamen ut unitatem manifestaret, unitatis eiusdem originem ab uno incipientem sua auctoritate disposuit. hoc erant utique et ceteri apostoli quod fuit Petrus, pari consortio praediti et honoris et potestatis, sed exordium ab unitate proficiscitur, ut ecclesia Christi una monstretur. quam unam ecclesiam etiam in cantico canticorum Spiritus sanctus ex persona Domini designat et dicit: una est columba mea, perfecta mea, una est matri suae, electa genitrici suae. hanc ecclesiae unitatem qui non tenet tenere se fidem credit? qui ecclesiae renititur et resistit in ecclesia se esse confidit? quando et beatus apostolus Paulus hoc idem doceat et sacramentum unitatis ostendat dicens: unum corpus et unus spiritus, una spes vocationis vestrae, unus Dominus, una fides, unum baptisma, unus Deus.

Dies ist der durch die ältesten und grundlegenden Handschriften in ihrer Uebereinstimmung wissenschaftlich unangreifbar feststehende Wortlaut der berühmten Stelle. Aber in einigen späteren Handschriften finden wir die unverschämtesten Fälschungen durch Zusätze zu Gunsten des römischen Primates, die wohl von einem römischen Theologen herrühren, der ein würdiger Vorläufer des heutigen vaticanischen Paganismus war. (Vgl. Hartel, P. III, Praef. p. XLII—XLIV. und P. I, p. 212—213). Da sind nun die

Steht die Tendenz der Stelle einerseits fest, so ist es andererseits nicht minder klar, daß Cyprian mit aller Bestimmtheit die Bedeutung des Apostels Petrus für die Erkenntniß der Einheit zu begrenzen sich bemüht. Das thut er in zweifacher Weise. Erstens weist er auf das entschiedenste die Vorstellung ab, als ob Petrus eine Beziehung zur Einheit der Kirche habe durch einen Vorrang der Würde oder der Rechtsgewalt vor den übrigen Aposteln; nein, diese haben ganz das gleiche Loos der Würde und Gewalt, sie sind für die Kirche genau dasselbe was Petrus ist. Unfähig, den einfachsten Zusammenhang einer Stelle aufzufassen, erwiese sich also jener, welcher behauptete, es werde hier von Cyprian die ultramontane Lehre vorgetragen, die Einheit der Kirche habe ihr Princip in Petrus, in welchem die Fülle ihrer Gewalt, ihrer Wahrheit und Gnade sich concentrire. Keiner der Apostel leitet von Petrus, als dem angeblichen Quell der kirchlichen Gewalt seine Ehre und Macht her; sie alle besitzen das ungetheilte Erbe (consortium) in gleicher Weise ganz und unmittelbar von Christus.[1]) Der römische Fälscher der Stelle hat dies

---

entscheidenden Worte, die Apostel seien mit dem gleichen Loose der Ehre und der Gewalt ausgestattet gewesen, wie Petrus, ausgetilgt und dafür diese eingeschwärzt: „aber dem Petrus wird der Primat gegeben"; da steht nun ferner die Eine Cathedra als die des Petrus allein; wer diese verlasse, sei also nicht mehr in der Kirche! Als die Philologen des 18. Jahrhunderts die groben Fälschungen entdeckten, verbot die römische Curie den Druck des echten Textes; sie gebot der Wissenschaft, zu lügen, weil sie die Wahrheit des heil. Cyprian fürchtete.

[1]) Es ist fast mehr als naiv, wenn Dr. Joh. Peters (a. a. O. S. 25 bis 27) schreibt: „Wir dürfen uns durch die Worte, Christus habe nach seiner Auferstehung allen Aposteln gleiche Vollmacht (parem potestatem heißt es) ertheilt, „alle mit gleichem Antheil an Ehre und Macht betraut", nicht täuschen lassen. Damit wollte Cyprian nicht sagen, Christus habe die Anfangs gesetzte Einheit nachher zu einer Vielheit gleichberechtigter und von einander unabhängiger Organe erweitert." Wenn er dann gar dem Cyprian die Lehre unterschiebt, Petrus bleibe „Ursprung, Ausgangs- und Mittelpunkt der Einheit", so ist das eben auch eine Fälschung. Nirgendwo hat

anerkannt, indem er den unzweideutigsten Ausdruck für dies Verhältniß strich und dann die das Gegentheil enthaltenden rohen Zusätze machte. Zweitens aber beschränkt der heil. Cyprian die Bedeutung des Petrus für die Einheit der Kirche durch den Hinweis auf die Lehre des Apostels Paulus, indem er hervorhebt, daß die Einheit „ein Geheimniß", also in ihrem Wesen etwas **Innerliches** sei, was demnach durch Petrus nicht bestimmt werden kann. In der paulinischen Darstellung der wesentlichen Offenbarung der Einheit fehlt Petrus; das ist genug. Die Bedeutung des Petrus hat folglich nach der Auffassung Cyprian's mit dem Princip und Wesen der Kircheneinheit nichts zu thun.

Wollen wir also von Carthago's großem Bischof lernen, wollen wir ihn nicht durch tendenziöse Auslegung zu einem falschen Zeugnisse zwingen, sind wir fähig, uns von anerzogenen Anschauungen einen Moment frei zu machen, um vorurtheilslos zu vernehmen, was eine ernste Stimme aus dem dritten Jahrhunderte zu uns spricht, so bleibt nur folgendes Verständniß möglich. Nicht das **Centrum** und noch weniger das **Princip der Einheit der ganzen Kirche** ist Petrus für Cyprian, sondern **das Symbol für die Lehre Christi, daß die Einzelkirche in sich Eins sei und diese Einheit durch ihren Einen legitim gewählten Bischof zur Anschauung bringen solle.** Und zwar hat nur Petrus in Person diese sinnbildliche, symbolisirende Kraft der Einheit, nicht sein Nachfolger. Wollte Jemand die Phrase: „Ursprung (origo) der Einheit von Einem" pressen und dahin ausbeuten, daß er darin fände, Petrus sei

---

der Bischof von Carthago gelehrt, Petrus sei „**der Mittelpunkt der Einheit**", und ebensowenig, daß dieser Apostel im Gegensatz zu den übrigen Aposteln „**direkt Christum repräsentire.**" Aber Dr. Peters geht noch weiter. Nachdem er hervorgehoben, daß nach der Lehre Cyprian's **Christus** „**Ursprung und Grund der Einheit sei**", der auf Petrus die Eine Kirche gegründet, fährt er fort: „Als ‚Ursprung und Grund' der Einheit führt **Petrus** naturgemäß den Primat über die ganze Kirche ꝛc." Das ist es, was die römischen Fälschungen wollten!

der Quell der Einheit, aus ihm fließe sie, wie aus ihrer Ursache, so würde er, selbst wenn er den Sinn der origo aus dem Prädicate incipiens (anfangend) nicht zu erkennen vermöchte, dadurch alsbald zu besserem Verständnisse kommen müssen, daß Cyprian in dem folgenden Satze dafür, im Ausdrucke wechselnd, sagt: „Der Anfang (exordium) geht von der (rein numerischen) Einheit aus", was nur heißen kann: Die Kirche beginnt auf Einem Punkte als Eine, nicht in einer gespaltenen Gemeinde, nicht in der Zerrissenheit der an Einem Orte versammelten Brüder. Die Aeußerung, Christus habe angeordnet, daß die Kirche als Eine von Einem beginne, bezieht sich also gar nicht auf die **Ursache der Einheit, — nicht auf Princip und Wesen derselben.** Kurz: origo (Ursprung) ist durch exordium (Anfang) zu erklären, d. h. von der Zeit, nicht von der Ursache.

Noch ein anderes Mal wendet Cyprian die Schriftstelle Matth. 16, 18. an, um die göttliche Ordnung in der Kirche zu begründen (epist. 33). Er sieht nämlich darin die Würde und **Stellung jedes einzelnen Bischofs** und das Rechtsverhältniß **der Einzelkirche** innerhalb der Ausgestaltung des ihr eigenthümlichen Wesens geordnet. Also entfalte sich durch den Wechsel der Zeiten und Aufeinanderfolgen die Ordination der Bischöfe und die innere Rechtsordnung der Kirche, daß diese auf die Bischöfe gegründet und durch sie, als die Vorgesetzten, jeder Akt derselben geleitet werde. Was der Herr zu Petrus spricht, besagt dem heil. Cyprian also nur dieses, daß die Einheit jeder Einzelkirche durch die bischöfliche Rechtsordnung **in derselben** bedingt sei, nicht etwa durch die Abhängigkeit von dem Bischofe von Rom als dem Nachfolger des Apostels Petrus.

Also nicht die Nothwendigkeit eines **juristischen Zusammenhanges** und absoluter Abhängigkeit aller Bischöfe von einem Nachfolger des Apostels Petrus zu Rom erkennt Cyprian in den an jenen Apostel gerichteten Worten des Herrn (Matth. 16, 18), sondern nur eine **ideale Beziehung auf die Einheit jedes einzelnen Bischofs mit seiner**

Gemeinde (Kirche), da in ihm die Gemeinde sich als Kirche findet und bezeugt.¹)

Nicht als Centrum der Gewaltfülle, von welchem alle Kirchengewalt ausströme, wird Petrus hingestellt, sondern als idealer Anfang, um die Einheit der Einzelkirche zu symbolisiren.

§. 3.
Die Bewahrung der Einheit durch legitime Wahl und Nachfolge der Bischöfe.

Die Einheit der Einzelkirche in ihrem Einen Bischofe gehört dem heil. Cyprian nun wesentlich zum Begriffe der Kirche. Denn die Kirche definirt er als „das dem Priester (Bischofe) geeinigte Volk" (plebs sacerdoti adunata), als „die seinem Hirten anhangende Heerde" (pastori suo grex adhaerens); darum solle man wissen, daß der Bischof in der Kirche sei und die Kirche in dem Bischofe." (Ep. 66.)

Hieraus ersieht man leicht, wie wichtig die Legitimität des Bischofs sei; ist seine Einsetzung ungerecht, dem göttlichen Gesetze nicht entsprechend, so stürzt damit die Kirche an der Stelle, wo er steht, zusammen. Bei dieser Einsetzung gibt es nun in der african. Kirche weder eine Ernennung, noch Bestätigung, noch Uebertragung von Vollmachten durch den römischen Bischof, der bei alledem nicht mehr mitzusprechen und zu sagen hat, wie irgend ein Bischof des Orients. Den Schwerpunkt der Bischofswahl legt Cyprian in das Volk, in die Laiengemeinde (plebs), wie sein Synodalschreiben, das uns in Ep. 67 aufbehalten ist, unzweifelhaft dar-

---

¹) Die Stelle Matth. 16, 18 wird in ep. 33 also eingeleitet: Dominus noster, cuius praecepta metuere et servare debemus, episcopi honorem et ecclesiae suae rationem disponens in evangelio loquitur et dicit Petro: ego tibi dico etc. Es sind ihm diese Worte also an jeden Bischof der Einzelkirche, deren inneres Rechtsverhältniß dadurch begründet wird, gerichtet.

thut. Er bestimmt darin die Legitimität einer Wahl, wie sie nach Gottes Anordnung feststehe.[1]) Er sagt, gestützt auf alttestamentliche Aussprüche, ein Volk, das den Befehlen des Herrn gehorche und Gott fürchte, solle sich absondern von einem sündhaften Vorgesetzten und an dem Opfer eines sacrilegischen Bischofs keinen Antheil nehmen; es habe ja am meisten die Gewalt, würdige Bischöfe zu wählen und unwürdige zurückzuweisen.[2]) Denn durch göttliche Auctorität sei es so geordnet, daß der Bischof in Gegenwart des Volkes unter den Augen Aller erwählt werde, und der Würdige und Geeignete durch das öffentliche Urtheil und Zeugniß als solcher Bestätigung habe. Nur in diesem Falle sei die Wahl gerecht und legitim. So hätten es die Apostel schon gehalten bei der Ersatzwahl für Judas, welche vorgenommen worden in Anwesenheit der ganzen Schaar der Gläubigen (turba in uno). Und er fügt hinzu: es sei in der africanischen Kirche und fast in allen Provinzen der göttlichen Ueberlieferung und apostolischen Observanz gemäß so gehalten, daß, um rite Bischofswahlen zu vollziehen, bei der Gemeinde, welcher ein Bischof vorgesetzt werden solle, die nächsten Bischöfe der Provinz zusammenkämen und die Wahl dann geschehe in Gegenwart des Volkes, welches das Leben der Einzelnen am vollständigsten kenne und eines Jeden Wandel durchschaue.

Die Gegenwart des Volkes ist aber kein bloßes passives

---

[1]) Freilich, wenn es also göttliche Anordnung war, so existirt heutzutage in der römisch-kath. Kirche — vom Papste angefangen — kein einziger legitimer Bischof mehr. Die übergroße Mehrzahl der Bischöfe ernennt der Papst allein; er selbst und ein kleiner Theil der Bischöfe wird von einer geringen Anzahl privilegirter Geistlichen bei verschlossenen Thüren mit absichtlicher und gewaltsamer Fernhaltung der betheiligten Laien gewählt. Das hat Rom's Herrschsucht erreicht.

[2]) ..... quando ipsa (plebs) maxime habeat potestatem vel eligendi dignos sacerdotes vel indignos recusandi. Hiernach hatte also die Laiengemeinde nicht bloß ein Veto, sondern auch das positive Suffragium. Die Hierarchie konnte ihr keinen Bischof aufdrängen, kein Papst ihr einen solchen intrubiren.

Moment, es spielt nicht die Rolle des Zuschauers, sondern es wirkt aktiv, und zwar entscheidend, auf die Wahl ein, nicht allein durch Veto, sondern durch positives suffragium, welches Cyprian demselben stets zuschreibt, während er dem Clerus das Testimonium, das zustimmende Zeugniß, den anwesenden Bischöfen aber den guten Rath und die Vollziehung der Ordination zuweist (Ep. 55.). So sehr legt er das entscheidende Moment bei der Wahl in die Hand des Volkes, daß er da, wo er die Gründe für seine eigene Legitimität aufzählt und zur Geltung bringen will (Ep. 59.), von Clerus und Bischöfen gar nicht redet, sondern nur hervorhebt, daß er an die Stelle des verstorbenen Bischofs von Carthago erwählt worden sei im Frieden, ohne Wahlkampf, durch die Stimme des gesammten Volkes (universi populi suffragio).

Dasselbe Gewicht, welches heutzutage die Infallibilisten der Stimme des Bischofs von Rom beilegen, gab Cyprian bei solcher Wahl der Volksstimme: er hörte darin Gottes Stimme. Das Suffragium des Volkes war ihm ein Gottesurtheil (Dei iudicium, Ep. 68, divinum iudicium, Ep. 59). Ein legitim erwählter Bischof ist durch Christus selbst dazu gemacht, und dieser wird ihn rächen, wenn Jemand wagt, ihn zu verachten (Ep. 66). Wer ihn richtet, wirft sich zum Richter Christi auf. Er ist der Ansicht, daß auch die an sich zufällige Person, auf welche des Volkes Wahl sich wendet, von Gott positiv zum Bischof erwählt sei; wenn kein Sperling ohne Gottes Willen auf die Erde falle, so werde gewiß kein Mensch Bischof ohne seinen Willen (Ep. 59 u. 66). Ja, es gehöre gottesläsiterliche Vermessenheit und verworfene Gesinnung dazu, meinte er, daß Jemand wähne, Einer werde Bischof ohne Gottesurtheil (Ep. 59). So griff also nach seiner Anschauung bei jeder Bischofswahl Gott selbst unmittelbar ein, um die Einheit der Kirche in einer zufälligen, von Allen wahrnehmbaren Person darzustellen und greifbar zu machen.

In Folge dieser Anschauung stellt er den Satz auf, daß, sobald Einer durch der Provinzialbischöfe und der Laiengemeinde

Zeugniß und Urtheil Bischof dieser geworden, auf keine Weise mehr ein Zweiter eingesetzt werden könne (Ep. 44). Wo dies dennoch geschieht, da tritt die Häresie[1]) ein, die kirchenzerstörende Faktion; daraus, sagt er, sind die Spaltungen und Häresien entsprungen und entstehen sie noch, daß der Bischof, welcher Einer ist und der Kirche vorgesetzt, durch hochmüthige Anmaßung gewisser Leute verachtet, und der Mann, der durch Gottes gnadenvolles Urtheil in Ehren ist, von den Menschen als unwerth beurtheilt wird. Die Bienen haben ihren König (ihre Königin) und ihren Führer die Heerden, durch Treue halten die Räuber zusammen: sie alle sind darum besser, als jene Christen, welche dem Bischofe die göttliche Einsetzung bestreiten und ihm nicht folgen (Ep. 66). Ein Gegenbischof und seine Partei sind für Cyprian sofort außerhalb der Kirche; sie verlieren die Gnadenschätze und jede Gemeinschaft mit den Christen (Ep. 69).

§. 4.
Widersprüche.

Es läßt sich nicht leugnen, daß Cyprian's Lehre von der Einheit der Einzelkirche äußerst einfach war und als sehr **praktisch** für die Beantwortung der Frage, ob Jemand in der Einheit der Kirche sich befinde, sich ihm bewähren mußte. In der Einheit ist, wer dem Bischof folgt; ist der Bischof gestorben, so eilen die nächsten Provincialbischöfe herbei, und in der Volksstimme wird alsbald weithin durch die ganze Gemeinde und laut vernehmbar die Gottesstimme vernommen, welche den von Christus selbst direkt eingesetzten Nachfolger beim Namen ruft, und der Bischof, das greifbare Band der Einheit, ist wieder da. Das ist verständlich für Jedermann, das Band faßbar für jede Hand. Allein, ist es war, und kann das Band der Einheit nicht

---

[1]) Häresie bedeutet bei Cyprian nicht Abweichung vom Glauben, sondern ein Zerwürfniß mit dem legitimen Bischofe.

zerreißen? Wenn z. B. eine Wahl zwiespältig ist zu gleichen Theilen und eine Einigung sich nicht erzielen läßt: auf welcher Seite ist dann Gottes Stimme? In jeder Bischofswahl die Wirkung einer Massen-Inspiration, ein specielles Wunder anzunehmen, ist Niemand berechtigt.

Cyprian stellt den Satz auf, **daß ein gefallener Bischof**, d. h. ein solcher, der aus Todesfurcht in der Verfolgung es verleugnet, daß er Christ sei, oder auch den Schein dieser Verleugnung äußerlich angenommen, **sein bischöfliches Amt verliere und es nie wieder erlangen könne** (Ep. 65 u. 67) Wenn also ein solcher Bischof noch so bitterlich seinen Fall beweint und noch so schwere Buße thut, so darf das Volk doch nicht dulden, daß er auf seinem Sitze bleibe: es muß ihn herabstoßen, „von dem sündhaften Vorgesetzten sich absondern" und einen neuen wählen. Das ist ein Widerspruch gegen die Anschauung, daß Gott selbst den Bischof einsetze durch die Volksstimme, der Eingesetzte dann aber Gott allein für seine Handlungen verantwortlich sei und keinen Richter auf Erden habe, wie Cyprian ebenfalls lehrt; es ist ein Widerspruch gegen den Satz, daß Christus es sei, der nach seiner Willkür durch seinen Wink unmittelbar (praesentia sua, in Person gegenwärtig) sowohl die Bischöfe selbst, als auch die Kirche mit ihren Bischöfen regiere (Ep. 66). Nur alttestamentliche Aussprüche weiß Cyprian für seine Ansicht vorzubringen; das neue Testament aber beweist mit schlagender Deutlichkeit das Gegentheil in dem Falle des in der That von Gott für das bischöfliche Amt bereits auserwählten Petrus, der, ohne daß noch eine Folter ihn berührte, ohne daß er gefangen war, dreimal feige und zuletzt unter Eidschwur und Verwünschung seinen Herrn verleugnete, aber dennoch durch Thränen der Reue die Wiedereinsetzung in sein Apostolat erlangte (Joh. 21, 15—17.).

Ein ganz wesentlicher die Theorie zerstörender Widerspruch ist aber dieser. Cyprian sieht die vielgepriesene Einheit der Einzelkirche in der Anerkennung der Legitimität des Lokalbischofs und in der juristischen Gemeinschaft mit ihm in Lehre, Cultus und Verwaltung. Er ist ferner der Ueberzeugung, daß in der Einzelkirche das Wesen des Christenthums in seiner Katholicität sich erfülle; in ihr muß also auch die Einheit so zur Erscheinung kommen, wie sie in der Gesammtkirche sich offenbart. Es wäre daher consequent, wenn er auch die Einheit aller Kirchen unter=einander durch die Verbindung mit einem erwählten Bischof der Bischöfe bewirkt sein ließe. Aber hiervon lehrt er, wie sich spä=ter zeigen wird, das gerade Gegentheil. Das Wesen der Ein=heit muß im Kleinen, wie im Großen als dasselbe erscheinen. Warum sollte es, bei der Vielheit der bischöflichen Kirchen, auch nicht möglich sein, daß eine sich in zwei theile, ohne daß dadurch die Einheit gefährdet würde? Cyprian ist zu seiner Theorie nur dadurch geführt worden, daß er sich gegen einen Gegenbi=schof zu vertheidigen hatte; er bildete sie aus als Waffe. Nur gegen diesen hat er auch die praktische Consequenz gezogen aus seinem Begriffe von der Einheit der Kirche, in welchem zugleich die Wurzel des absoluten Kirchenregiments enthalten ist. Die zwei Gedanken: der Bischof ist der Gemeinde in dieser ganz bestimmten an sich zufälligen Person von Gott vor=gesetzt, und zweitens: derselbe ist deshalb für alle seine Akte nur Gott verantwortlich, der sein einziger Richter ist, — schließen den rücksichtslosesten Despotismus ein. Allein das Le=ben der Gemeinde in ihrer Selbstverwaltung begegnete im drit=ten Jahrhunderte auch einem Cyprian noch zu mächtig, als daß er es durch eine im Kampfe um den Bischofssitz ersonnene Theorie, deren Stütze er im alten Testamente suchen mußte, hätte angreifen können. Es wird sich zeigen, wie sehr er dieses Leben achtete.

§ 5.
Des Bischofs Stellung zur Gemeinde.

Daß die Laien eigentlich die Kirche seien, das gläubige Volk, nicht der Clerus als solcher, sagt Cyprian im 62. Briefe noch unzweideutiger als in den bereits mitgetheilten Stellen.

Er giebt dort gelegentlich die Definition: „**Die Kirche, d. i. das zur Kirche constituirte Volk.**"¹) Weder vom Opfer des Willens noch vom Opfer des Verstandes, welches die Gläubigen der Hierarchie zu bringen hätten, weiß er etwas. Wohl aber kennt er des christlichen Volkes „Würde" und „Recht". Er lehrt eine priesterliche Auctorität und Gewalt, aber nur in Verbindung mit der **unvergänglichen Majestät des zur Kirche geeinten gläubigen Volkes**. Nur diese **incorrupta majestas** der Laiengemeinde ist der Grund der Würde der katholischen Kirche. Cyprian bedient sich dieser Ausdrücke als **allgemein verständlicher**, die nur Bekanntes bezeichneten, um zu sagen, daß jene Würde und Majestät verloren gingen zugleich mit der priesterlichen Auctorität und Gewalt, wenn der Bischof (als Repräsentant der Gemeinde) gestattete, daß Nichtmitglieder der Kirche über ihn zu Gericht säßen (Ep. 59). Die Würde der Kirche wie die Majestät des gläubigen Volkes, welches die Kirche bildet, ist unveräußerlich, weil sie auf der Kindschaft Gottes beruht. Der Bischof darf schon deshalb sich nichts Unwürdiges von Außen gefallen lassen, weil dadurch die Majestät des von ihm repräsentirten Volkes verletzt würde. Nirgends betrachtet Cyprian das bischöfliche Amt als Selbstzweck, als Gegenstand der Huldigung, woran die Frömmigkeit gemessen werde; es fällt ihm nicht ein, die Majestät der Kirche in dem Herrscherglanze der Bischöfe und in ihrer Gewalt über das vor ihnen in den Staub sinkende Volk zu sehen. „Ich kann die Mißachtung meines bischöflichen Amtes" (innerhalb der Gemeinde), so schreibt er (Ep. 16), „übersehen, ich kann sie ertragen, und habe sie übersehen und ertragen; aber das geht nicht mehr an, da die Brüder getäuscht werden" (durch die dem wahren Heile der Gefallenen schädliche Praxis der Confessoren). Das Heil der Gläubigen, nicht der Gedanke an seine bischöfliche Würde, war entscheidend für sein Handeln. Er fand sich berufen, des gläubigen Volkes kirchliche Majestät

---

¹) ... ecclesia, i. e. plebs in ecclesia constituta.

in der wiederhergestellten Gottebenbildlichkeit anzuerkennen und der Gemeinde dienend dazu mitzuwirken, daß das Ebenbild zur Gottähnlichkeit im Lichte der Wahrheit und in der Kraft der Gnade verklärt werde. Erleuchtung der Vernunft durch Belehrung, sowie Stärkung des Willens durch Schärfung des Bewußtseins der sittlichen Selbstverantwortung, d. h. durch Steigerung der Wachsamkeit des Gewissens: das war sein Streben, seine Freude; doch der Verwesungsgeruch einer erstorbenen Vernunft und eines „Cadaver=Gehorsams", wie ihn die heutige Hierarchie von dem christlichen Volke unter Androhung der Excommunication fordert, würde ihn mit Entsetzen erfüllt haben.

Aber die Majestät des gläubigen Volkes schützt es nicht blos vor Vergewaltigung seiner menschlichen Würde und ethischen Natur, sondern giebt ihm auch das Recht der Mitwirkung an der Berathung aller Interessen kirchlicher Art. Vermöge seines Glaubens und seiner Gottesfurcht gebührt ihm diese Ehre (Ep. 19). Der Bischof für sich allein ist nichts; Clerus und Volk bilden eine Gemeinde (Kirche) auch bei der Sedisvacanz, während der Bischof ohne Clerus und Volk nichts ist. Nicht er, sondern die Gemeinde ist die Kirche, die Mutter. Als Cyprian aus dem freiwilligen Exil an seinen Clerus schrieb, er werde über die Wiederaufnahme der Gefallenen bei seiner Rückkehr (250) Berathungen anstellen, drückte er sich so aus, daß dies geschehen solle, „wenn er mit Gottes Gnade in den Schooß der Mutter, der Kirche wieder Aufnahme gefunden haben würde" (Ep. 16). Die Gemeinde ist seine Mutter; nicht er die Mutter der Gemeinde.[1]) Daher ist es ihm auch Herzenssache, daß die Gemeinde Freude und Ehre habe, nicht aber, daß er von der Gemeinde Ehrbezeugungen empfange. An der Freude der Gemeinde, sagt er, habe der Bischof den größten Antheil; ihr Ruhm sei zugleich ihres Vorgesetzten Ruhm, ein Satz, den die heutigen Bischöfe geradezu umkehren.[2])

---

[1]) Heutzutage ist der Bischof und vor Allem der Papst die Mutter.
[2]) Ecclesiae enim gloria praepositi gloria est. Ep. 13.

Die Würde und Ehre, die jeder Christ vom Bischof bis zu dem geringsten Gläubigen vor Gott und den Menschen besitzt, fordert aber vor Allem die Theilnahme **Aller** an der Verwaltung der gemeinsamen kirchlichen Angelegenheiten. „Ich habe seit dem ersten Beginn meines bischöflichen Amtes," — so schreibt Cyprian,[1]) „den Grundsatz mir festgestellt, **nichts ohne den Rath der Priester und Diaconen, nichts ohne die Zustimmung des Volkes (der Laien) für mich allein nach eigener Meinung zu thun.** Wenn ich also zu euch komme, dann werden wir, wie es die Ehre eines Jeden von uns fordert, über das Geschehene oder über das, was geschehen soll, gemeinsam verhandeln."

Die Confessoren hatten den Gefallenen der Gemeinde von Carthago den Frieden geschenkt, d. h. in den vollen Genuß der Kirchengemeinschaft sie wieder aufgenommen, und dies dem heil. Cyprian angezeigt. Dieser hält das für Unrecht, weil die Confessoren, die nicht die ganze Kirche, sondern nur ein Theil derselben sind, sich ein Recht, das nur der ganzen Gemeinde gehört, angemaßt haben. Die Excommunication verhängen oder aufheben konnten sie eben so wenig für sich allein wie der Bischof. Cyprian antwortet daher in einem Briefe an seinen Clerus (Ep. 26): „**Das ist eine Sache, die in unser aller gemeinsame Berathung und Beschließung fällt; deshalb wage ich es nicht, der Competenz durch Urtheil vorzugreifen und mir allein eine Angelegenheit, die der ganzen Gemeinde gehört, anzumaßen.**"[2])

---

1) Ep. 14. Die heutigen Bischöfe würden darin den Untergang der Kirche sehen. — Vgl. Ep. 48.

2) Quae res cum omnium nostrum consilium et sententiam spectet, praeiudicare ego et solum mihi rem communem vindicare non audeo. Für die Ausübung der Rechte der Gemeindeangelegenheiten galt der Satz: ecclesia in episcopo et clero et in omnibus stantibus (Gegensatz zu den Gefallenen) est constituta. Ep 33. Doch Peters schreibt: „Die Wiederaufnahme in die Kirchengemeinschaft aber war ausschließliches Recht des Bischofs." S. 7. Also das gerade Gegentheil der Lehre Cyprian's.

Auch über Cleriker will er weder allein urtheilen noch mit dem Rathe seiner Collegen sich beruhigen, sondern ebenso mit der gesammten Laiengemeinde (cum plebe ipsa universa) verhandeln und Bestimmungen treffen (Ep. 34).

Nicht einmal seine Cleriker der niedrigsten Grade wählt und weiht der Bischof nach eigener selbstständiger Entschließung. Cyprian schreibt an Clerus und Volk (Ep. 38): „Bei der Ordination von Clerikern, geliebteste Brüder, pflegen wir auch vorher um Rath zu fragen und den sittlichen Charakter und die Verdienste (der in Frage Kommenden) in gemeinsamer Berathung abzuwägen (communi consilio ponderare)." Von dieser Regel hat er im Exil während der Verfolgung eine Ausnahme sich erlaubt, indem er den Bekenner Aurelius, ohne daß er vorher mit der Gemeinde darüber hätte berathen können, zum Lector gemacht. Wegen dieser Ausnahme rechtfertigt er sich nun in dem angeführten Briefe vor Clerus und Volk, nicht etwa durch die Behauptung, daß es in der bischöflichen Macht liege, seinen Clerus zu weihen und anzustellen, sondern durch die Zeitumstände, welche die beschleunigte Anstellung nothwendig und die gemeinsame Berathung unmöglich machten.[1]

Also Disciplin, sogar die Bußdisciplin, Weihe und Anstellung aller Kirchenbeamten vom untersten bis zum höchsten Grad, und Alles, was überhaupt der Bischof in der Gemeinde that, war Sache gemeinsamer Berathung und Beschließung Aller. Selbst zu Carthago, wo um die Mitte des dritten Jahr-

---

[1] Jeder Cleriker wurde nur für ein bestimmtes Amt gewählt und geweiht. Der heutige Mißbrauch, der am stärksten in Rom geübt wird, wo man sogar Presbyter und Bischöfe mit fingirten Aemtern creirt, Weihen in's Blaue zu ertheilen, wobei selbst die momentane Ausübung eines Amtes simulirt wird, ist dem christlichen Alterthum völlig fremd. Das Lectorat war ein Amt, aber niedrigsten Grades, und Cyprian glaubte beim ordnungsmäßigen Lauf der Dinge ohne Zustimmung der Gemeinde es nicht verleihen zu können. Heute dagegen kündigen die Bischöfe den Untergang der Kirche an, wenn sie ohne den Willen der Gemeinde keinen Presbyter weihen und keinen Pfarrer anstellen können.

hunderts der am meisten hierarchisch angelegte Mann seiner Zeit, wo Cyprian Bischof war, welcher Niemanden als einen Christen gelten lassen wollte, der nicht mit seinem Localbischofe im Frieden sich befand, war die Regierung und Verwaltung der Kirche echt demokratischer Natur. Das Volk war nicht das bloße Material zur Befriedigung geistlicher Herrscherlust und Geldbegier, sondern es hatte in Allem mitzurathen und mitzuthaten. Aber freilich war dieser Demos (plebs, Volk), wenngleich er von den Lateinern stets plebs genannt wurde, nichts weniger als Pöbel, für den ein Kaplan, ein Pfarrer, ein Bischof und in letzter Instanz ein Papst dachte und wollte, sondern das Volk Gottes voll Majestät und Würde, „ein königliches und ein priesterliches Geschlecht," mit einer Ehre, die an keine Hierarchie veräußert werden konnte und durfte. Wer Christ war, war auch freigeboren, königlichen Geblüts im Reiche des Geistes, im Reiche Gottes, in welchem es nicht Herrscher und Sclaven giebt und keine Ehe „zur linken Hand." Der Würdencult, welchen jetzt die Hierarchen und der gesammte Clerus für sich fordern, das ewige Tituliren, Sichverneigen und -Verdemüthigen der Laien vor den Geistlichen bis zum Fußkuß beim Papste, wäre damals verabscheut worden als heidnisch und antichristlich. Der Bischof, welcher war, was er sein sollte, wurde Gegenstand der Liebe und der Freude seiner Gemeinde, nicht aber das Idol unwürdiger Huldigungen um seines Amtes willen. Als vor dem Apostel Paulus die Leute niederknieten, erschrack er, verwies ihnen das und erklärte, er sei ein Mensch wie andere; als aber die Gläubigen an seinem Halse hingen vor Liebe und weinten, aus Furcht, sie würden sein Angesicht nicht wiedersehen, erzürnte er nicht. Der heilige Cyprian stellt sich die Freude in der römischen Gemeinde bei der Rückkehr des treuen Bekenners und Bischofs Lucius nach Rom so vor, daß den Augen kaum genug geschehen kann, daß das Volk in seiner Anschauung sich kaum zu sättigen vermag. Aber Lucius war kein weltbeherrschender Papst sondern der bemüthige Bischof von Rom, ein Bischof wie jeder andere.

Bischof, Clerus und Volk sind nicht durch ein äußerliches Verhältniß, etwa durch Befehl und Gehorsam Eins, sondern durch innere Uebereinstimmung. Es ist das total umgekehrte Verhältniß von heute. Der Bischof schafft nicht die Einheit durch Auctorität, vor der Alle zitternd und willenlos in Eins zusammenfallen; vielmehr findet die aus der Allen gemeinsamen Gotteskindschaft in Erkenntniß und Liebe erblühende Einheit der Gemeinde in dem Bischofe, sofern er ein Vorbild der Heerde von Herzen ist, ihren Ausdruck; er ist nicht die Ursache, sondern die Erscheinung der Einheit.

Zweites Kapitel.
Die Einheit der Gesammtkirche.
§. 1.
Petrus ohne reale Beziehung zur Einheit der ganzen Kirche.

Von einer Einheit der Gesammtkirche durch Unterordnung unter den Bischof von Rom weiß Cyprian nichts; weder durch absolutistische, noch durch repräsentative Stellung des römischen Bischofs läßt er die Einheit der Kirche entstehen oder behaupten. Ueberall, wo er den Apostel Petrus in einer Beziehung zur Einheit der Kirche auffaßt, ist durchaus nur von der Person des Petrus die Rede und nicht die leiseste Andeutung vorhanden, daß irgend ein Nachfolger desselben das nämliche Verhältniß habe. Insbesondere ist dies immer der Fall, wo die Gründung der Kirche auf Petrus hervorgehoben wird (z. B. Ep. 59 an den römischen Papst Cornelius); niemals nimmt er dabei eine Rücksicht auf den Bischof von Rom, als ob dieser eine fortgesetzte Fundamentirung der Kirche darstellte. Ein solcher Gedanke liegt ihm unendlich fern. Obgleich er einmal (Ep. 66) die bekannte Stelle Joh. VI, 68 gegen die Auslegung der übrigen Väter des dritten Jahrhunderts dahin erklärt, daß er die Kirche auf Petrus erbaut werden läßt, während er sonst die allgemeine Auffassung vertritt, wonach Christus der Fels ist (Ep. 63), so versäumt er es doch nicht, selbst durch die grammatische Form des Ausdrucks jeden Gedanken an eine Fortsetzung der Legung des Fundamentes in den römischen Bischöfen unmöglich zu machen. Denn er sagt nicht, die Kirche werde auf Petrus erbaut, nicht einmal, sie sei erbaut worden, sondern sein Ausdruck ist: "die Kirche war auf ihn erbaut gewesen;"[1] d. h., es war dies Erbauen der Kirche auf Petrus ein ganz vereinzelter vorübergehender Akt, es war ein Anfang, der nicht wiederholt werden kann. Auch ist die Anwendung, welche Cyprian eben in diesem Briefe (66) davon macht, ausdrücklich auf die Einzelkirche und auf jeden Einzelbischof bezogen, keineswegs aber auf den Bischof von Rom als solchen, der auch nicht einmal genannt wird. Ein paar Mal sagt er allgemein, ohne ausdrückliche Hervorhebung jener Schriftstelle, allerdings, der Herr habe die Kirche auf Petrus erbaut, allein in Bezug auf die Schlüsselgewalt hebt er gerade an dieser Stelle (Ep. 73) nur den Vorrang der Zeit für Petrus hervor; was ihm zuerst (primum)[2] allein verliehen worden zur Symbolisirung der Einheit, das wurde späterhin allen Aposteln gegeben.[3] So erscheint die Auffassung noch deutlicher im 71. Briefe. "Petrus", heißt es dort, "welchen der Herr zuerst erwählte und auf den er seine Kirche erbaute, hat, als in späterer Zeit Paulus mit ihm über die Beschneidung Streitrede führte, sich kein besonderes Vorrecht in brei-

---

[1] Ep. 66: Super quem (Petrum) aedificata fuerat Ecclesia. Vgl. 59.
[2] Hiernach ist in Ep. 71 quem primum Dominus elegit zu erklären. Auch hier gilt das primum von der Zeit.
[3] De unit. eccl. c. 4.

ster Weise zugeeignet, noch anmaßend sich herausgenommen, so daß er etwa gesagt hätte: er besitze den Primat[1]) und von den jüngeren und späteren (Aposteln) müsse ihm vielmehr willfahrt und nachgegeben werden; — nein, er achtete den Paulus deßhalb, weil er früher ein Verfolger der Kirche gewesen, nicht gering, sondern er nahm den Rath, welcher der Wahrheit gemäß war, von ihm an und stimmte der vernünftigen Gesetzes-Ordnung, welche Paulus vertrat, zu, ein Beispiel der Eintracht und der Duldsamkeit uns gebend, damit wir nicht starrsinnig, was von uns ausgeht, lieben, sondern auf daß wir vielmehr eben dasjenige, was uns je von den Brüdern und Collegen in förderlicher und heilsamer Weise dargeboten wird, wenn es wahr ist und berechtigt, als unser Eigenthum erachten." Er citirt dazu I. Cor. 14, 29. Keiner, fährt er fort, habe das Privilegium, immer das Beste zu wissen, — **der Geist Gottes gebe Offenbarung, wem er wolle.** Das Wort „Primat" hat in der angeführten Stelle keine andere Bedeutung, als die des „Zeitvorrangs." Es wäre geradezu lächerlich, den Sinn unterzulegen, welchen heutzutage die Ultramontanen in dem Worte „Primat" finden. Weder formell, noch materiell empfing nach der Ansicht des heil. Cyprian Petrus etwas Anderes, als die übrigen Apostel; weder mehr Regierungsgewalt, noch mehr Ehre, wie auch der früher erwähnte Ausspruch in der Schrift de Unit. Eccl. beweist —: „freilich waren die übrigen Apostel eben dasselbe, was Petrus war, mit dem gleichen Loose der Ehre und der Gewalt ausgestattet." Wer das nicht sieht, der will nicht sehen.

Petrus kann hiernach, wenn er in Beziehung zur Einheit der Kirche von Cyprian gebracht wird, nur das Vorbild, nur ein Symbol für die Einheit der Einzelkirche, nicht der Gesammtkirche sein. Der Gedanke des berühmten africanischen

---

[1]) Dies ist das einzige Mal, daß das Wort „Primat" bei Cyprian in Bezug auf Petrus gebraucht wird.

Bischofs ist: Christus wollte, daß jede Gemeinde nur Einen Bischof habe, und daß die Kirche an jedem Orte das dem Einen Bischofe geeinte gläubige Volk sei. Deßhalb hat Petrus zuerst allein die bischöfliche Gewalt oder das Apostolat empfangen; weil es aber viele Orte, an denen Gemeinden sich bildeten, geben sollte, darum erhielten dasselbe Amt hernach viele Apostel zu gleicher Zeit. Ob diese Auffassung biblisch richtig ist, das kümmert uns hier nicht; es ist aber unsere Sache, den Sinn der Worte des heil. Cyprian festzustellen, und dieser ist der angegebene.

§. 2.
Bedeutung des Stuhles Petri zu Rom.

Die Streitfrage, ob der Bischof von Rom als solcher der Nachfolger und Erbe aller Rechte des Apostels Petrus sei, soll hier nicht erörtert werden, — obgleich der Verfasser dieser Schrift nicht verhehlen will, daß er in seinen vieljährigen historischen Forschungen schließlich, bei aller anerzogenen Tendenz, den Beweis dafür zu erbringen, sich nicht hat überzeugen können, daß Petrus jemals im eigentlichen Sinne Bischof von Rom gewesen sei, was ja selbstverständlich durch die — übrigens auch schwierige — Annahme einer vorübergehenden Anwesenheit daselbst noch nicht bewiesen ist. Wenn aber Petrus niemals Bischof von Rom war, so kann er auch dort keinen Stuhl mit dem Erbtheil seiner Rechte bleibend errichtet haben.

Noch Gregor der Große, Papst von Rom, behauptet am Ende des sechsten Jahrhunderts, es habe Petrus an drei Orten, zu Rom, Alexandrien und Antiochien seinen Stuhl zu gleicher Rechten hingestellt, so daß nach göttlicher Auctorität diese Bischofssitze und ihre Inhaber zumal in voller Gleichheit den Vorrang des ersten der Apostel repräsentirten; Cyprian aber, ob zufällig oder nach bestem Wissen, redet von dem Stuhle Petri zu Rom und sonst von keinem. Doch thut er dies nur zweimal in allen seinen Schriften, — nicht „stets", wie Peters (S. 36) behauptet, — und zwar das eine Mal ohne jede weitere Folgerung, indem er sagt, Cornelius sei durch legitime Wahl an die vacant gewordene Stelle Fabian's getreten, das heiße an die Stelle des Petrus (locus Petri, ep. 55), — das andere Mal aber mit einem Zusatze, welcher der Erklärung bedarf.

In dem 59. Briefe nämlich wird nicht bloß der römische Bischofssitz „Stuhl Petri" genannt, sondern auch die Kirche zu Rom als die „principale Kirche, von welcher die Einheit des Priesterthums ausgegangen sei", bezeichnet[1]). Es ist offenbar, daß wir der Kirche zu Rom mit Beziehung auf die Cathedra Petri im Sinne Cyprian's nicht mehr Bedeutung beilegen dürfen, als dieser dem Petrus selbst zugeeignet hat. Die principale Kirche ist die primitive, die erste der Zeit nach, und als solche war die römische für das Abendland allerdings bekannt,[2]) — nicht überhaupt, sondern für das Abendland, denn überhaupt die erste war die zu Jerusalem. Den Ausdruck ecclesia principalis durch „Hauptkirche" übersetzen, wie Dr. Peters thut (S. 38), kann nur derjenige, welcher ohne jede Berücksichtigung des Sprachgebrauchs Cyprian's und der damaligen Zeit seine vorgefaßte curialistische Meinung hineintragen will. Bedeutungsvoll kann nur der Zusatz sein: „von welcher die Einheit des Priesterthums ausgegangen (exorta) ist." Aber die Bedeutung darf nicht höher gefaßt werden, als die des Petrus für die Einheit der Kirche; d. h. also: die römische Kirche ist zum Typus geworden für die Einheit aller Kirchen; wie dort die Gläubigen von Anfang an um Einen Bischof sich geschaart und die Berufung des Petrus nach ihrem idealen Sinne thatsächlich ihre Würdigung fand, so haben sich diesem Vorbild die andern Kirchen nachgebildet. Wenn Peters

---

[1] .... et ad Petri cathedram adque ad ecclesiam principalem, unde unitas sacerdotalis exorta est ab schismaticis et profanis litteras ferre....

[2] Bei Tertullian wird principalis und principalitas auch in der Zeitbedeutung genommen. Ebenso in einem unechten Briefe Cyprian's principaliter (bei Hartel A. p. 282) für primo. Litterae principales sind Anfangsbuchstaben. A. p. 108.

über das Vorbild hinausgeht und schreibt (S. 36): „Die Uebertragung der Gewaltfülle auf Petrus ist Vorbild, Norm, Wurzel und Quelle des auf den Einzelbischof fortgepflanzten Vorsteheramts", so hat Cyprian mit solcher Lehre nichts mehr zu thun.

Auch beruht es auf einem argen Mißverständnisse, wenn derselbe curialistische Schriftsteller schreibt (S. 37): „Die römische Kirche ist ihm (dem heil. Cyprian) die Wurzel und Mutter der katholischen Kirche", was er zu beweisen meint mit der Stelle (ep. 48 bei Baluz. 45). Allein die Benennung „Mutter und Wurzel" bezieht sich nicht auf das Verhältniß der römischen Kirche zu den Kirchen anderer Länder, — es sei denn, daß damit nur der unmittelbare apostolische Ursprung gemeint sei, wie bei Tertullian de praescript. haer. 21, der alle apostolischen Kirchen ecclesiae matrices et originales nennt, — sondern auf ihre innere Einheit durch den Zusammenhang der Gemeinde mit ihrem legitimen Bischof. So nennt Cyprian (ep. 71) die Rückkehr der Häretiker, die in seiner Kirche getauft, sich eine Zeitlang im Schisma von ihr getrennt gehalten, eine Rückkehr „zur Wahrheit und zur Mutter" (ad veritatem et matricem), und in der Schrift über die Einheit (c. 23) wird das Verlassen der in sich Einen Kirche überhaupt, ohne Beziehung auf eine Einzelkirche, ein Sichlosreißen von der lebenspendenden „Mutter" genannt.

Am allerwenigsten darf auf eine juristische Prärogative geschlossen werden aus dem Prädicate „katholisch", welches der römischen Kirche einige Male beigelegt wird. Denn katholisch heißt bei Cyprian „das Ganze repräsentirend", und zwar in dem Sinne, daß eine Einzelkirche in ihrer Einheit durch den Einen Bischof alle wesentlichen Eigenschaften der von Christus gestifteten Kirche besitzt. Es kommt dies Prädicat also jeder Einzelkirche zu, in der kein Schisma ist. Daher heißt es, „in einer katholischen (Kirche) müsse Ein Gott sein, Ein Christus der Herr ..., Ein heiliger Geist, Ein Bischof" (ep. 49, Cornelius an Cyprian). Hieraus ergibt sich auch das Verständniß der Aeußerung, die Kirche sei überall catholica una (ep. 66), wer in Einer Kirche ein Schisma hervorrufe, der könne nicht durch heimliche Gemeinschaft mit einer anderen Kirche die Folgen seines Unfriedens abwenden.

In dem 55. Brief ist von einer früheren Meinungsverschiedenheit unter den africanischen Bischöfen in Bezug auf einen Punkt der Bußdisciplin die Rede, wobei das Geheimniß der untheilbaren Kircheneinheit bewahrt geblieben sei. In diesem Zusammenhange wird der Ausdruck „katholische Kirche" mit Bezug auf die Einheit innerhalb der africanischen Episcopalkirche ohne jede Rücksicht auf Rom angewandt.

§ 3.
Der Bischof von Rom ist nicht das Oberhaupt des Bischofs von Carthago.

Die Anhänger des Vaticanismus suchen ihren Satz von dem juristischen Primate des Bischofs von Rom über die ganze Kirche stets so aus der Geschichte zu beweisen, daß sie denselben als **unumstößlich voraussetzen** und darnach die angezogenen Thatsachen **ausbeuten**. Wer es aber ernst nimmt mit dem historischen Beweise, der wird bald erkennen, daß zur Zeit Cyprian's für eine Centralregierung der allgemeinen Kirche durch den Papst von Rom nicht eine einzige Thatsache auch nur indirect spricht. Kein Mensch weiß um diese Zeit von einer Centralbehörde in Rom. Dort gab es weder ein „Cardinal-Collegium" noch eine Reihe von Dicasterien oder Congregationen, welche das Monopol der Religion zu einem großartigen Gelderwerb benutzt hätten. Es gab zu Rom wie in jeder andern Kirche einen Bischof, Presbyter und Diaconen. Den Bischof wählte wie überall in Gegenwart mehrerer Provincialbischöfe, Clerus und Volk. Hätte der römische Bischof die allgemeine Regierung der Gesammtkirche geleitet, so würde sich zu Rom auch der Hauptrechtsstoff für das allgemeine Kirchenrecht ange=

sammelt haben. Das ist aber durchaus nicht der Fall. Zum Ersatz mußten später Erdichtungen und Fälschungen dienen. Aus Syrien stammen die ersten Rechtssätze, welche kirchliche Ordnung sichern sollen. Für das allgemeine Kirchenrecht bildet im 4. Jahrhunderte die wesentliche Grundlage das Concil von Nicäa (325), welchem nicht der Bischof von Rom präsidirt hat. Innerhalb der abendländischen Kirche finden wir eher Rechtsbildungen von allgemeinerer Geltung in Spanien und Gallien als in Italien. In Ermangelung eines früheren römischen Kirchenrechtes hat man sich dann, als das Bedürfniß einer universalen Stellung des Papstes von Rom sich in der ewigen Stadt geltend machte, nach Briefen der römischen Bischöfe umgesehen, denen man eine rechtliche Bedeutung zu geben sich bemühte. Allein es gab auch kein Centralarchiv für die Regierung der allgemeinen Kirche zu Rom, wo solche Schreiben zur Constatirung der geltenden Disciplin amtlich aufbewahrt worden wären. Daher mußte noch im 6. Jahrhundert Dionys der Kleine, als er zu seiner Sammlung von Kirchenrechtssätzen aus Syrien, Nicäa, Constantinopel, Chalcedon, Sardica, Carthago doch auch etwas aus Rom beizubringen von dem römischen Presbyter Julian gebeten wurde, Briefe der Päpste von Rom, welche die Lücke ausfüllen sollten, auf weiten Umwegen aus der vorhandenen Literatur sich zu verschaffen suchen. Und doch begann er erst gegen das Ende des vierten Jahrhunderts, mit Siricius (385—398). So wenig galt Rom als der Mittelpunkt der allgemeinen Kirchengesetzgebung, daß Dionysius, obgleich zu Rom lebend und arbeitend (von Geburt war er Scythe, doch schon seit den letzten Jahren des fünften Jahrhunderts in Rom anwesend), in seiner ersten Sammlung, welche dem allgemeinen Zwecke dienen sollte, nicht Ein Stück aus Rom beibrachte. Das ist eine Thatsache, welche den Jurisdictionsprimat des römischen Bischofs noch im 6. Jahrhunderte so laut verneint, daß man nicht begreift, wie ein Mensch mit gesunden Sinnen auf seinem Gange durch die Kirchengeschichte davon nichts merkt. Doch kehren wir zurück zu Cyprian.

Daß der Bischof von Rom um die Mitte des dritten Jahrhunderts nach dem Zeugnisse des Bischofs von Carthago nicht "der Bischof der Bischöfe," nicht das **juristische Haupt der Gesammtkirche** war, ist schon durch den Nachweis dargethan, daß jener von diesem nicht als das Oberhaupt der **nordafrikanischen** anerkannt wurde. Die römische Kirche stand mit dieser in einer viel engeren Verbindung als mit dem Oriente; Rom war für Nordafrika der **apostolische Stuhl**, der einzige, mit dem Carthago einen regen Verkehr unterhalten konnte, den es als die primitive Gründung der eigenen Existenz gegenüber verehrte, während der Orient eine Reihe von apostolischen Stühlen besaß. Hat Rom nun nicht einmal über die nordafrikanische Kirche Gewalt, wie viel weniger dann über den Orient! Aus Cyprians Briefen, die alle practischer Art und Tendenz sind und in die kirchlichen Rechts- und Streitfragen tief eingreifen, steht nun aber entschieden fest, daß der Bischof von Rom der nordafrikanischen Kirche damals ebenso wenig wie jemals vorher irgend ein Gesetz vorgeschrieben, daß er ferner niemals bei der Wahl und Ordination eines Bischofs ein Wort kraft einer übergeordneten Auctorität mitgeredet hat, und daß auch vor keinem römischen kirchlichen Gerichtshofe über das Schicksal nordafrikanischer Bischöfe verhandelt worden ist. Bei dem regen Verkehr zwischen Rom und Carthago und bei den nicht seltenen Zwistigkeiten unter den nordafrikanischen Bischöfen selbst müßte sich wohl eine Spur solcher Verhandlungen in Cyprian's Briefen finden, wenn sie stattgefunden hätten. —

Doch gehen wir näher auf das Verhältniß ein. Cyprian ist zu seiner Zeit unstreitig der hervorragendste Bischof der nordafrikanischen Kirche. Sowohl die Wichtigkeit seines Sitzes (nach dem politischen Range der Stadt) als die Bedeutung seiner Persönlichkeit stellt ihn in den Vordergrund der Kirchen des proconsularischen Gebietes von Nordafrika. Ihm gegenüber mußte der Jurisdictionsprimat des römischen Bischofs, wenn ein solcher existirte, sich geltend machen; denn Cyprian war dann ohne Zweifel das ebenso naturgemäße als rechtliche

Organ für die Stimme der Centralregierung, soweit sie im Gebiete von Carthago, in Numibien und den beiden Mauritanien, wohin die Kirchenprovinz von Carthago ebenfalls reichte (Ep. 48), vernommen werden sollte. Sein Verhältniß zum Bischofe von Rom mußte sich dann irgendwie als ein amtlich untergeordnetes charakterisiren, wenn auch noch nicht in der heutigen byzantinischen Abulatoren-Unterwürfigkeit der Patriarchen, Primaten und Erzbischöfe der römisch-katholischen Kirche. Irgend eine Unterordnung hätte nothwendig erkennbar sein müssen in dem schriftlichen Verkehre.

Von einer solchen Unterordnung enthalten Cyprian's Schriften aber nicht die geringste Andeutung. In keiner Weise erkennt er dem Bischofe von Rom einen höheren amtlichen Rang zu als sich selbst; niemals giebt er ihm einen Titel, der von einer Ueberordnung zeugte oder eine solche auch nur andeutete. Wir besitzen von ihm neun Briefe an den römischen Bischof Cornelius, einen an Lucius und zwei an Stephan. In diesen zwölf Briefen redet er die römischen Bischöfe nie anders an wie „College" und „Bruder". Nichts deutet auf das Verhältniß eines Untergebenen zu seinem Oberen hin. Auch kein Vorzug der Ehre ist aus der Correspondenz für den Bischof von Rom zu entnehmen. Mögen Andere damals schon den Bischof von Rom anders genannt und angeredet haben: Cyprian sagt: „College, Bruder;" — damit ist jedes Verhältniß der Unterordnung ausgeschlossen. Und fragen wir die Bischöfe von Rom, so haben sie für Cyprian genau dieselbe Anrede: „liebster Bruder, theuerster College! —

Doch sei hier noch ganz besonders hervorgehoben, daß der Bischof von Rom um die Mitte des dritten Jahrhunderts überhaupt mit keinem Titel der Auszeichnung beehrt worden ist, mit dem nicht auch Cyprian angeredet wurde. Sogar: „Glückseligster und glorreichster Papst," — heißt Cyprian. Und in wessen Munde? Im Munde — des Clerus der römischen Kirche, der zur Zeit der dortigen Sedisvacanz

(Ende August 250) an ihn schrieb.¹) In Rom machte man auch selbst keinen Anspruch auf einen Titel der Ueberhebung über andere Bischöfe; „Papst" wurde von dort her in der Regel jeder Bischof angeredet.

Wie die Titel und Anreden, so zeigen auch die zwischen Cyprian und dem Bischofe von Rom gepflogenen Verhandlungen keine Art von Unterordnung des ersteren unter diesen.

Da begegnet uns zunächst die Wahlangelegenheit des Cornelius, der in Novatian einen Gegenbischof zu bekämpfen hatte, den er vorzugsweise mit Hülfe Cyprian's überwand. Dieser erscheint wie ein Schiedsrichter in der Sache. Auf der um ihn zu Carthago versammelten Ostersynode im Jahre 251 wurde die Wahl des Cornelius zur Sprache gebracht. Man sah sich nicht genug informirt, und die Synode sandte die Bischöfe Calbonius und Fortunatus nach Rom, um genaue Kenntniß von dem Wahlact zu nehmen, namentlich auch durch das Zeugniß der Bischöfe, welche der Wahl beigewohnt (Ep. 44, 45). Sobald sie sich überzeugt, daß die Wahl legitim sei, sollten sie dieselbe unterstützen und zur Beseitigung des Schismas mitwirken. Bevor aber authentischer Bericht zu Gunsten des Cornelius zu Carthago eingegangen sei, wollten Cyprian und seine Mitbischöfe ihre Correspondenz mit der Gemeinde zu Rom nur an die Presbyter und Diaconen derselben adressiren. Der Bericht fiel günstig aus, fand Bestätigung in den Mittheilungen zweier Zeugen der Wahl, der Bischöfe Pompejus und Stephanus, welche persönlich nach Afrika kamen, und Alles stimmte mit dem, was Cornelius selbst schrieb. Cyprian erkannte ihn nun an, adressirte an ihn, vertrat unter den afrikanischen Bischöfen fortan mit aller Energie seine Legitimität und ermahnte mit allem Eifer die Schismatiker der römischen Gemeinde, zur Einheit zurückzukehren, da, sobald Einer Bischof geworden und durch

---

¹) Beatissime ac gloriosissimo Papa! Ep. 30 am Schlusse. Auch in der Ueberschrift heißt er „Papst".

das Zeugniß und Urtheil der Collegen und des Volkes bestätigt sei, ein anderer nicht mehr aufgestellt werden könne.

Cornelius war etwas empfindlich über die Verzögerung seiner Anerkennung, aber Cyprian belehrte ihn, daß die besonnene Prüfung seiner Legitimität nothwendig gewesen. Das war der allgemeine Verlauf der Sache, deren specielle Darstellung nicht hierher gehört. Wie stellt sich nun aber dabei das Verhältniß zwischen Cyprian und dem Bischofe von Rom heraus? Nirgendwo ist davon die Rede, daß es sich etwa um die Anerkennung eines juristischen Hauptes der allgemeinen Kirche handele. Es dreht sich Alles um das Schicksal der Gemeinde zu Rom. Würde uns umgekehrt die Absendung zweier Bischöfe von Rom nach Carthago zur Prüfung einer dort erfolgten bestrittenen Wahl berichtet, so würde jeder Anhänger des Vaticanismus darin den augenscheinlichsten Beweis des römischen Primates sehen und Jeden schelten, der diesen Beweis nicht vollgültig fände. Doch dies nur nebenbei. Carthago hatte die allgemeine Sorge für die Legitimität der bischöflichen Successionen in den Einzelkirchen und dazu Pflichten der Liebe.

Wen vertheidigt nun Cyprian in Cornelius, dem Bischofe von Rom? Er tritt ein gegen die Angriffe der Novatianer auf Cornelius für seinen „Collegen" (Ep. 44). Was ihn zu der sorgfältigen, unpartheiischen Prüfung, bei welcher er den Gegner bis zu den bittersten und schwersten Anschuldigungen zu Wort kommen ließ, antrieb, war „die gemeinsame Ehre und die Achtung vor der Heiligkeit der Priesterwürde" (Ep. 45).

Andererseits theilt er dem „Bruder Cornelius", was zu Carthago in Betreff des dortigen Schismas geschehen sei, nicht etwa selbst mit als pflichtgemäßen amtlichen Bericht, sondern er erinnert daran, daß die Collegen ihm darüber geschrieben hätten, was ihr Urtheil nach Kenntniß der Sachlage gewesen sei; besser sei es aber, wenn Cornelius das Schreiben, welches er gemäß ihrer Gemeinschaft in der Liebe (pro dilectione communi) an den römischen Clerus, nicht an das Volk, geschrieben und ihm zur Einsicht geschickt habe, den Brüdern zu

Rom vorlesen lasse, damit sowohl dort wie hier die Brüderschaft durch sie (durch Cornelius und Cyprian) über Alles unterrichtet werde.

Unter dem Kaiser Gallus brach plötzlich über die römische Gemeinde eine Verfolgung herein; der Bischof Cornelius wurde ergriffen, als Bekenner standhaft erfunden und im Spätherbste 252 nach Centumcellae (Cività Vechia) verbannt, wo er, wahrscheinlich im Jahre 253, starb. Dorthin, nach seinem Verbannungsorte, schrieb ihm Cyprian einen Brief (Ep. 60), in welchem die Gluth seines tiefen Gefühles aufflammt. Es ist keine Klage, sondern wie ein Hymnus auf den Ruhm des Bekenners. Wen verherrlicht Cyprian? Sein Oberhaupt? Nein, seinen „Mitbischof" (consacerdos). „Welcher Bischof (sacerdos, Priester im eminenten Sinne) sollte nicht zu dem Ruhme seines Mitbischofs sich Glück wünschen wie zu seinem eigenen?" Er preist dann auch die ganze Gemeinde, welche offen und unerschrocken in dem Bekenntnisse zu ihrem Bischofe gestanden. Aber davon, daß in Cornelius etwa das Haupt der Gesammtkirche leide, ist keine Andeutung zu entdecken, und darin hätte doch gerade das stärkste Motiv der Mitfreude gelegen. Zum Schlusse ermahnt Cyprian seinen Mitbruder, zwar in feiner Form, indem er sich mit ermahnt, jedoch in einem Tone, wie er nur für Gleichgestellte paßt, „kraft des Bandes der wechselseitigen Liebe" (pro caritate mutua qua nobis invicem cohaeremus).

Damit man aber nicht meine, es handle sich hier blos um ein ausnahmsweise vertrauliches Verhältniß zwischen zwei Personen, die sich über das amtliche Verhältniß hinweggesetzt, so lese man die Correspondenz mit den römischen Päpsten Lucius und Stephan. Die Anrede ist dieselbe, der Ton derselbe. Dem „theuersten Bruder Lucius" wünscht Cyprian Glück wegen der doppelten Ehre, Bekenner und Bischof geworden zu sein. Er spricht dabei nur von dem Schicksal der römischen Gemeinde, nicht von dem der ganzen Kirche. Indem er im Geiste den Jubel der Gemeinde bei der Rückkehr des Lucius nach Rom sieht, möchte er dabei sein — nicht als ginge ihn das Fest an wie den Untergebenen das Fest seines Herrn, sondern wegen der wechselseitigen Liebe. Er und seine Collegen und die ganze Brüdergemeinde senden das Gratulationsschreiben als die getreue Huldigung der Liebe (Ep. 61).

§ 4.
Der Bischof von Rom ist nicht das Oberhaupt der Gesammtkirche.

a) Beweisende Thatsachen.

Durch die Energie und den Einfluß Cyprians war die Anerkennung des Bischofs Cornelius als des Bischofs von Rom gegenüber dem Novatian fast allgemein geworden. Einen kleinen Anhang hatte dieser dennoch bewahrt, und Einer seiner Anhänger saß noch zur Zeit, als Stephan bereits römischer Bischof war, auf dem mächtigen Sitze zu Arelate (Arles) im Süden von Gallien. Da nun der Consens der Bischöfe unter einander zur Repräsentation der Einheit der Gesammtkirche gehörte, so wurde diese als gestört erachtet, wenn ein in seiner Gemeinde legitimer Bischof Kirchengemeinschaft mit einem schismatischen unterhielt. Das that aber Marcian von Arles, indem er nicht Cornelius, Lucius, Stephan, sondern Novatian als rechtmäßigen Bischof von Rom erachtete. Die übrigen Bischöfe Galliens, voran Faustinus Bischof von Lyon, machten davon wiederholt Mittheilung, sowohl an Stephan nach Rom, als an Cyprian nach Carthago. Dieser wandte sich endlich an Stephan und forderte ihn auf, Anstrengungen zur Beseitigung dieses Schismas zu machen. Und diese Aufforderung leitet er nach Schilderung des Uebels also ein: „Diesem Uebel Heilung zu bringen und Abhülfe, das ist unsere Sache (unser Recht und unsere Pflicht), theuerster Bruder," — unsere, d. h. Deine und meine, nämlich der Bischöfe Sache[1]). Deutlicher kann doch wohl nicht gesagt werden, daß es sich hier nicht um ein specifisches Recht, um ein Recht des Bischofs von Rom kraft eines Jurisdictionsprimates über alle Kirchen handle, sondern es ist ein gemeinsames Recht der Bischöfe, vor Allem der beiden von Carthago und Rom, das hier ausdrücklich betont wird. Und er begründet dasselbe noch durch den Satz: „Deshalb, theuerster Bruder, giebt es ja eine zahlreiche Körperschaft von Bischöfen, durch den Kitt gegenseitiger Einmüthigkeit und durch das Band der Einheit verknüpft, damit, wenn Einer aus unserm Collegium eine Spaltung[2]) zu machen und die Heerde Christi zu zerreissen und zu verwüsten versucht, die Uebrigen zu Hülfe eilen und als taugliche und barmherzige Hirten die Schafe des Herrn zur Heerde sammeln sollen." Durch ein von dem Meere und den Häfen, unter welchen einer schadhaft geworden, so daß die Schiffer ihn meiden, um zu dem nächsten sicheren zu eilen, entnommenes Bild spricht er dann den Gedanken aus, daß die Hülfe vor Allem in der nächsten Kirchenprovinz zu suchen sei. Zu Arelate Hülfe zu bringen, war also von Rom aus natürlichere und bringendere Pflicht. Wenn nun Peters (S. 40) behauptet, Cyprian habe trotz der hier vorgetragenen Anschauung von der collegialischen Episcopalverfassung in dem Streite zu Arles doch selbst „keine Entscheidung" getroffen, sondern „diese dem Bischofe von Rom überlassen, wohl wissend, daß dessen Urtheil maßgebend sei und in dieser Angelegenheit als das sämmtlicher Bischöfe angesehen werde," so heißt das: Cyprian sagt zwar das gerade Gegentheil, aber er wußte doch, daß wir Vaticaner des 19. Jahrhunderts Recht haben. Nein, der Bischof von Carthago wußte das nicht; er hat allerdings seine Pflicht gethan nach bestem Wissen und in Ep. 68 in der Sache Marcians die Entscheidung ohne alles Schwanken getroffen. Er macht nun den Stephan zum Voll-

---

[1]) Ep. 68. cui rei nostrum est consulere et subvenire, frater carissime!

[2]) haeresis bezieht sich bei Cyprian nicht auf Abweichung von Glaubenslehren, sondern bedeutet Schisma, was wiederholt bemerkt sei.

strecker des Urtheils, indem er es ihm zur Pflicht macht, in einem ausführlichen[1]) Schreiben den Bischöfen der Lugdunensischen Provinz und der Gemeinde zu Arles den Handel Novatian's auseinander zu setzen. Marcian solle sich von dessen Sache lossagen und zur Kirchengemeinschaft reuig zurückkehren oder die Gemeinde habe einen andern Bischof zu wählen. Cyprian dictirt dem Stephan den ganzen Inhalt des zu verfassenden Briefes nach den Hauptmomenten schon in die Feder, und wünscht nach Wiederherstellung der legitimen Ordnung den Ausgang zu wissen. Außer der allgemeinen Pflicht, mit einzugreifen in diesem Falle, hat Stephan noch eine besondere, weil er nämlich der Nachfolger von Cornelius und Lucius ist. War nämlich Novatian der rechtmäßige Bischof von Rom, so waren jene Pseudobischöfe und um ihre Ehre ist's geschehen.

„Wenn wir nun deren Andenken ehren," schreibt Cyprian, „um wie viel mehr hast Du, theuerster Bruder, die Pflicht, ihre Ehre zu fördern und zu schützen mit Deinem Einfluß und Deiner Auctorität, der Du ihre Stelle eingenommen und ihr Nachfolger geworden bist!" Daraus folgt erstens, daß Cyprian selbst an die Bischöfe jener Provinz auch geschrieben hat (quorum memoriam cum nos honoremus) und zweitens, daß er in der Anführung der Motive, aus welchen Stephan mit einschreiten soll, von einem römischen Primate durchaus nichts weiß, ja keine Ahnung hat. —

Eine andere Thatsache. In Spanien hatten die zwei Bischöfe Basilides und Martialis von der Doppelgemeinde Leon-Astorga und von Meriba in der Verfolgung sich zur Ibololatrie bekannt, also den Namen Jesu verleugnet, und auch außerdem

---

[1]) Quapropter facere te oportet plenissimas litteras ad coepiscopos nostros in Gallia constitutos — „einen kräftigen Brief", sagt Peters (S. 39); es heißt aber ausführlich, erschöpfend, die Sache allseitig darstellend, wie plenissime instruere, vollständig oder allseitig unterrichten (ep. 9 und 62) und plenissime noscere (ep. 67), und plenissime tractare de aliqua re (ep. 34) ausführlich etwas abhandeln. Aber „kräftig" paßte für den ultramontanen Schriftsteller besser.

durch schwere sittliche Vergehen, die sie nicht in Abrede stellten, sich ihres hohen Amtes unwürdig erwiesen. In einer gefähr=lichen Krankheit hatte Basilides Gotteslästerungen ausgesprochen, hernach aber Reue empfunden, Bekenntniß abgelegt und frei= willig auf sein bischöfliches Amt resignirt. In Folge dessen hatte in der Gemeinde — es war dies der Sitz von Leon= Astorga, wie sich aus einem Vergleich der Ueberschrift des Briefes bei Cyprian mit dem Anfange ergiebt, indem der Reihen= folge Leon=Astorga und Meriba entsprechen Basilides und Martialis — eine durchaus legitime Wahl stattgefun= den, aus welcher Sabinus hervorgegangen war. Martialis war gegen seinen Willen für abgesetzt erklärt und an seine Stelle Felix gesetzt worden, doch, wie es scheint, in nicht so regelrechter Wahl. Martialis wollte seinen Sitz behaupten und dasselbe versuchte später auch wieder Basilides. Bei obwalten=dem Schisma suchten nun die Gegenbischöfe sich und ihre Partei dadurch zu stärken, daß sie sich die Kirchengemeinschaft mit mächtigen und angesehenen Bischöfen zu verschaffen bemühten. Für Basilides war dies um so schwerer als er resignirt und eine Neuwahl in bester Form stattgefunden hatte. Er suchte daher vor Allem in der Ferne, was er in der Nähe nicht er=reichen konnte. Daheim waren seine Verbrechen entdeckt, ja er hatte sie bekannt. So ging er denn zu einem weit entfernten (longo positum) Bischofe, zu dem „Collegen Stephan" nach Rom, der von dem Hergange der Dinge nichts wußte, erzählte ihm in seiner Weise von seinem Unglück, daß ihm ein Gegen=bischof aufgestellt sei und bat um seine Unterstützung zur Wie=bergewinnung des Sitzes, von dem er ungerecht verdrängt wor•ben. Stephan ließ sich täuschen und, wie es scheint, hat er ihm Kirchengemeinschaft zugesichert und sich für ihn verwendet. Wären nun die Christen in Spanien überzeugt gewesen, daß der Bischof von Rom das Oberhaupt der ganzen Kirche sei und baß er ein= und absetzen könne, daß von seiner Anerkennung auch die Wirksamkeit und Gültigkeit der bischöflichen Funktionen ab=hängig seien, so würden die Gemeinden von Meriba und Leon=

Astorga ohne Zweifel mit der vollständigsten Berichterstattung sich nach Rom gewandt haben. Allein sie ließen den Basilides auf seine Kirchengemeinschaft mit Stephan pochen und richteten ihr Auge auf das Haupt der benachbarten Provinz von Carthago, auf Cyprian, dessen Ansehen groß war. Der Presbyter Felix mit der Doppelgemeinde Leon-Astorga und der Diacon Aelius mit der Gemeinde von Meriba schrieben an ihn und sandten ihre Schreiben durch die erwählten neuen Bischöfe Felix und Sabinus mit der Bitte um Trost oder Abhülfe durch ein entscheidendes Urtheil (sententia). Cyprian hielt eine Synode von ungefähr 37 Bischöfen und sie antworteten gemeinsam (Ep. 67). Der Brief beginnt: „Nachdem wir uns versammelt, lesen wir Eure Schreiben, geliebteste Brüder, welche Ihr durch unsere Mitbischöfe Felix und Sabinus an uns, angetrieben durch die Integrität Eurer Treue und durch Eure Gottesfurcht gesandt habt," u. s. w.[1]) Dann heißt es, Gott habe ihre Streitfrage entschieden durch die Lehre (im A. T.), daß die Priester rein und heilig, frei von Vergehen sein müßten. Nur solche habe das Volk zu wählen, und wo hernach Einer sich anders erweise, von diesem sich zu trennen. Die Wahl des Sabinus sei legitim, die von Basilides bei dem „Collegen Stephan" erschlichene Kirchengemeinschaft ändere daran nichts. Aber auch Martialis müsse wegen seines Abfalls zum Götzendienste und seiner andern Verbrechen dem Felix weichen.

Mit diesem Grundsatze in dem Verfahren gegen abgefallene und verbrecherische Bischöfe sei auch ihr College Cornelius, der frühere Bischof von Rom, einverstanden gewesen. Ihre Zuversicht in dieser Entscheidung könne dadurch nicht wankend gemacht werden, daß (außer Stephan) noch einige andere aus ihren Collegen Kirchengemeinschaft mit Basilides und Martialis unterhielten; jene würden dadurch nur in die Schuld dieser ver-

---

[1]) In einer solchen Aeußerung aus der Feder eines Bischofs von Rom würden die Vaticaner Primat und Infallibilität auf's Deutlichste ausgesprochen finden.

wickelt. Der Schluß lautet: „Deshalb, geliebteste Brüder, loben wir die gewissenhafte Sorge, die aus der Integrität und Treue[1]) Eurer Gesinnung hervorgegangen, ebenso sehr, als wir sie gutheißen und Euch zugleich durch dies Schreiben ermahnen, Euch mit den profanen und befleckten Priestern (Bischöfen) in die sacrilegische Kirchengemeinschaft nicht einzulassen, sondern die reine und lautere Unwandelbarkeit Eurer Treue mit gewissenhafter Gottesfurcht zu bewahren."

Auf Rom und eine von dorther noch zu erwartende Entscheidung nimmt das Synodalschreiben nicht die geringste Rücksicht. Wenn nun Pius Bonif. Gams in seiner Kirchengeschichte von Spanien (I, S. 263) sagt, „es spreche durchaus nichts dafür, daß Cyprian in seinem Briefe (d. h. in dem Synodalschreiben) die Angelegenheit der spanischen Bischöfe entgiltig entscheiden wollte, oder entschieden zu haben glaubte", — es sei nur „ein Gutachten, kein Gericht" gewesen, — er habe auf Stephan einen „moralischen Druck" oder Eindruck ausüben" wollen, — was ihm Peters nachspricht (S. 39) —, so ist das keine Geschichtschreibung mehr.[2])

Eine dritte Thatsache kommt hier in Betracht: der Streit über die Gültigkeit der Ketzertaufe. Cyprian lehrte: Es giebt nur eine legitime und wahre Taufe, und diese ist in der katholischen Kirche. Die Schismatiker und Häretiker sind außerhalb der Kirche und haben deshalb schlechthin keine Gewalt und kein Spenderecht in Bezug auf die Gnaden und Heilsmittel innerhalb der Kirche. Ihre Altäre sind falsche, ihr Priesterthum ein unerlaubtes, ihre Culthandlungen sacrilegisch. Ihre Taufe reinigt also nicht und heiligt nicht; sie ist wirkungslos, oder wenn

---

[1]) fides bedeutet bei Cyprian in der Regel „Treue". Es ist hier die Treue gegen die geheiligten Grundsätze der Kirche, welche unbefleckte Priester verlangen, gemeint.

[2]) Ueberhaupt sind in diesem Buche, in dem Gams von dem unerschütterlichen Vorurtheile geleitet wird, die Spanier müßten in den drei ersten Jahrhunderten über den Primat des Bischofs von Rom genau so gedacht haben, wie er heute denkt, zahlreiche Verkehrungen der Thatsachen.

sie eine Wirkung hat, so ist es diese, daß das profane Wasser die Untergetauchten befleckt; auch wenn sie, wie Novatian, dieselbe Taufformel gebrauchen, wie die katholische Kirche, und im Namen Gottes des Vaters, des Sohnes und des heil. Geistes taufen, ist die Handlung dennoch fruchtlos. Es ist eigentlich keine Taufhandlung, die sie vornehmen; es ist Alles eitel Schein, nur das Thun der Affen, ein äußeres Nachahmen ohne Inhalt. Die Affen ahmen nach, was sie die Menschen thun sehen, aber ihr Thun ist darum doch kein menschliches Handeln. Wäre bei den Häretikern die Taufe, so wäre bei ihnen auch die Kirche. Das Eine, wie das Andere ist unwahr. In Folge dieser Auffassung nun tauften die nordafricanischen Bischöfe solche Christen, die von den Häretikern bereits getauft waren, wenn sie den schismatischen Bischof verließen und ihre Gemeinschaft suchten, indem sie sagten: das ist keine Wiedertaufe, sondern einfach die Taufe der Kirche, da die ähnliche Handlung der Häretiker keine Taufe war. Nur wenn ein in der Kirche Getaufter, nachdem er Häretiker geworden, wieder zurückkehrt, erhält er blos die Handauflegung. Diese Lehre und Praxis finden wir vertheidigt in sechs Briefen (69—75), von welchen zwei Synodalschreiben sind und einer, der letzte, eine lange Epistel Firmilian's, des Metropoliten von Cäsarea in Kappadocien an Cyprian, worin die Uebereinstimmung seiner Provinz und vieler Kirchen des Orients mit den Africanern beurkundet wurde. Demgegenüber lehrte Stephan der Bischof von Rom mit vielen abendländischen Kirchen, daß auch die von Häretikern ertheilte Taufe, wofern sie nur nach Gesetz und Symbol der Kirche im Namen der allerheiligsten Dreieinigkeit gespendet worden, wirksam und gültig sei, und den also Getauften, wenn sie zur Kirche sich wendeten, nur die Hände aufzulegen seien zur Buße und Aussöhnung und zum Empfange des heil. Geistes. Die Gründe für und wider, insofern sie die dogmatische Lehre von der Taufe allein betreffen, lassen wir hier außer Acht; daß die Ansicht Stephan's in der dogmengeschichtlichen Entwickelung den Sieg davon trug, ist für die hier gestellte Aufgabe ohne Bedeutung. Wir fragen nur, wie in dem bis an das Lebensende der beiden Führer der streitenden Parteien (Cyprian's und Stephan's) durch den Märtyrertod sich fortziehenden Kampfe (von 253—258) das Verhältniß des Bischofs von Rom zur Gesammtkirche sich herausstellte. Und darüber kann kein Zweifel sein. Stephan beruft sich auf die Tradition der römischen Kirche, welche die der Apostel sei; denn diese hätten verboten, die aus dem Lager der Häretiker zur Kirche Kommenden zu taufen und angeordnet, daß dies den folgenden Generationen überliefert werde. So wenig hielten nun die Africaner und Orientalen damals die römische Tradition für unfehlbare Lehre der Offenbarung, daß Cyprian und Firmilian darauf erwiedern, es werde Niemand so thörigt sein, dem Stephan zu glauben, daß die Apostel solches überliefert hätten, da es zu ihrer Zeit ja noch keine Häresie gegeben und somit auch keine Praxis bei der Aufnahme der Häretiker. Und Firmilian fügt hinzu, daß Rom überhaupt nicht maßgebend sein könne für die allgemeine Praxis, da es dort notorisch viele Observanzen gebe, die z. B. mit denen der Kirche zu Jerusalem nicht übereinstimmten. Daß Rom später in der abendländischen Kirche seine Praxis durchgesetzt, kann nicht beweisen, daß die zahlreichen Kirchen, deren Führer Cyprian und Firmilian waren, um die Mitte des dritten Jahrhunderts die Unfehlbarkeit der Tradition der römischen Kirche und ihres Hauptes nicht geleugnet hätten. Indem sie sagen, das Herkommen, die langjährige Uebung (consuetudo) entscheide nicht, sondern die Wahrheit, die wohlbegründete, (welche die ratio für sich hat) und erklären, ein Herkommen ohne Wahrheit sei nur der altgewordene Irrthum, geben sie doch nicht zu, daß sie für ihre Praxis kein Herkommen hätten; dem falschen Herkommen der Römer setzen sie das Herkommen der Wahrheit (consuetudinem sed veritatis) entgegen; ihr Herkommen könne Niemand als neu entstanden beweisen, es sei eben die Tradition von Christus und den Aposteln her.

Stephan hatte sich aber auch darauf berufen, daß er durch legitime Nachfolge den Stuhl Petri einnehme.

Dabei lag dem Firmilian der Gedanke, daß Stephan deshalb unfehlbar das Richtige glaube und thue, so fern, daß er auf den directen Widerspruch hinwies, der ihm darin zu liegen schien, daß Stephan durch Anerkennung der Ketzertaufe viele andere Felsen als Kirchenfundamente einführe und neue Gebäude vieler Kirchen hinstelle. Der Fels Petri ist ihm nämlich überall da, wo die wahren Sakramente gespendet werden. Wer glaubt, daß die Häretiker die wahre Taufe spenden, steht in Kirchengemeinschaft mit ihnen und hat keinen Grund, sich der Theilnahme an ihren übrigen Culthandlungen zu enthalten, meint Firmilian.

Stephan hatte seinen Gegnern die Kirchengemeinschaft aufgekündigt. Das, was man heute Excommunication nennt, einen Akt der Jurisdiction, der über Himmel und Hölle entscheiden soll, kannte man damals nicht. Wenn Ein Bischof die Kirchengemeinschaft mit einem andern aufhob, so kam Alles auf das Verhalten der andern Bischöfe an. Häufig geschah es, daß sowohl der Eine mit andern Kirchen in Verbindung blieb, wie der Andere. Auch die Ausgleichung und die Erneuerung der Gemeinschaft geschah ohne jurisdictionellen Akt, oft stillschweigend durch Wiederbeginn des Verkehrs in der Art, als ob derselbe nie unterbrochen gewesen wäre. Diesmal wurde nun die Handlungsweise Stephan's sowohl von den Orientalen, wie von den Africanern scharf beurtheilt und verurtheilt. Firmilian sagt von ihm, er sei ein zanksüchtiger Mensch, der Streit suche. „Täusche Dich nicht", so redet er ihn an, „Du hast Dich selbst abgetrennt von so vielen Heerden; denn derjenige ist doch wahrlich ein Schismatiker, welcher sich zum Apostaten von der Gemeinschaft der kirchlichen Einheit gemacht hat!" Firmilian kennt demnach keine „kirchliche Einheit", welche durch die Abhängigkeit aller Bischöfe von der Rechtsgewalt des Bischofs von Rom hergestellt werden sollte. Er weiß nur von „dem Geheimnisse und Bande des Friedens", von der „Einheit des Geistes zur Gemeinschaft des Friedens", von der „Einheit der Liebe", gegen welche Stephanus rase, der aus mannigfacher Streitsucht bald mit den Orientalen die Eintracht breche, bald mit den

Africanern, der sich nicht schäme, den Häretikern zu Liebe, die Gemeinschaft der Brüder zu zerreißen und einen Mann, wie Cyprian, einen Pseudochristus, Pseudoapostel und betrügerischen Arbeiter zu schelten, — Namen, welche ihm gebührten.

Als Stephan eine aus Bischöfen bestehende Gesandtschaft der nordafricanischen Kirche, welche versöhnen sollte, in der inhumansten Weise, so daß er der römischen Gemeinde befahl, selbst Gastfreundschaft und Herberge zu verweigern, ohne sie anzuhören, abgewiesen hatte, versammelte Cyprian zu Carthago seine dritte Synode zur Prüfung der Sache; und die Bischöfe kamen zahlreich auch aus Mauritanien und Numidien, und die Antwort für Rom erfolgte, indem in Gegenwart des Clerus und einer großen Volksmenge, 85 anwesende Bischöfe, von welchen Einer das Votum zwei Abwesender mitabgab, einstimmig gegen die Gültigkeit der Ketzertaufe in der nachdrücklichsten Weise sich erklärten. So stand die ganze nordafricanische Kirche einig da in der Behauptung, daß die römische Tradition und die Lehre des Papstes von Rom falsch sei. Gleichviel, ob sie in der fraglichen Sache sich täuschten, gewiß ist damit, daß sie, um in der Einheit der katholischen Kirche zu bleiben, es nicht für nothwendig erachteten, mit dem römischen Bischofe übereinzustimmen. Weil dieser sich von ihnen trennte, hielten sie sich selbst nicht für Schismatiker, sondern den Sichabtrennenden.

Wenn Firmilian dem Stephan „Tollkühnheit und Insolenz" vorwirft, so ist Cyprian's Urtheil in der Form zwar milder, jedoch nicht in der Sache. „Stephan wagt es, die Sache der Häretiker gegen die Christen und gegen die Kirche Gottes zu schützen." „Er schreibt unerfahren und unbesonnen Hochmüthiges, zur Sache Nichtgehöriges, Sichselbstwidersprechendes." Er „bekämpft das Geheimniß der göttlichen Tradition." (ep. 74). Das deutet nicht hin auf das Verhältniß zu einem „Oberhaupte."

Doch wir finden auch bei Cyprian ausdrücklich

b) **die principielle Verneinung des römischen Primats.**

Hierhin gehört zuerst die im ersten Kapitel §. 2 dieser Schrift besprochene Stelle aus dem Buche von der Einheit der

Kirche cap. 4, welche die absolute Gleichheit der Apostel und folgerecht der Bischöfe so bestimmt ausspricht, daß jede Einschiebung eines juristischen Oberhauptes zum schreiendsten Widerspruche wird. Sind alle Apostel genau dasselbe, was Petrus ist, sind sie alle mit dem ganz gleichen Loose der Ehre und der Gewalt ausgestattet, dann hat keiner mehr Ehre und Gewalt als die Andern. Das ist und bleibt unwidersprechlich.

Ferner weisen wir zurück auf den 68. Brief Cyprian's an den römischen Bischof Stephan, in welchem jener Störungen in dem einheitlichen Leben der Einzelkirchen durch Schisma nicht von dem Einschreiten eines monarchischen Hauptes beseitigen läßt, sondern mittelst der collegialischen Episcopalverfassung, vermöge welcher eine in sich gespaltene Gemeinde stets durch die Vermittelung einer vom Streite unberührten Nachbarprovinz die Einheit und den Frieden wiedergewinnen kann.

Dazu kommt nun die entscheidende Lehre von der unbedingten und unbeschränkten juristischen Selbstständigkeit jeder Einzelgemeinde, beziehungsweise ihres Repräsentanten, des Bischofs, so fern dieser mit seiner Gemeinde als legitim Erwählter und Ordinirter Eins ist. „So lange das Band der Einheit bleibt und das Geheimniß der Untheilbarkeit der katholischen Kirche fortdauert, ordnet und leitet ein jeder einzelner Bischof seine Verwaltung (selbstständig), dem Herrn (allein) von seinem Unternehmen Rechenschaft zu geben verpflichtet." (ep. 55, S. 639). Im 59. Briefe sagt er: „es ist von uns allen als Gesetz festbestimmt, und es ist auch eben so billig, als gerecht, daß die Sache eines jeden Einzelnen dort verhandelt werde, wo ein Vergehen begangen worden ist, und daß den einzelnen Hirten ein Theil der (allgemeinen) Heerde zugewiesen sei, welchen jeder einzelne (Bischof) regieren und über den er walten soll, nur verpflichtet, von seinem Walten dem Herrn Rechenschaft zu geben" (S. 683), und das sagt er, weil die Streitenden von Chartago ihren Handel nach Rom getragen hatten. Er weist dann den Einwand, als ob die Kirche zu Carthago weniger

Gewalt habe, wie die zu Rom, weit ab, und schließt mit der
Erklärung, das Erkenntniß sei gesprochen. Das angebliche Recht
einer Appellation ist ihm völlig fremd. In dem ganzen Briefe,
der an den römischen Bischof Cornelius gerichtet ist, findet sich
keine Spur von der Anerkennung eines Rechtes, das dieser etwa
habe, in dem Handel zu Carthago einen für Cyprian bindenden
Spruch zu thun.

Der Satz, daß jeder Bischof, frei in der Praxis innerhalb
seiner Gemeinde, über seine Verwaltung dem Herrn Rechenschaft
zu geben haben werde, kehrt wieder Ep. 69 (S. 765) mit Berufung auf die Worte des Apostels Paulus im Briefe an die
Römer 14, 12—13: „So soll denn Jeder aus uns für sich
selbst Gott Rechenschaft geben. Laßt uns also nicht Einer über
den Andern Richter sein." Mit besonders starker Betonung
wiederholt er dasselbe Wort am Schlusse des Briefes an Stephan
über die Ketzertaufe (Ep. 72): „Wir thun hierin Niemandem Gewalt an und geben Keinem ein Gesetz,
da ja in der Administration der Kirche ein jeder
einzelner Vorgesetzter (Bischof) seines Willens freie
Entscheidung hat, um dem Herrn allein Rechenschaft von seiner Verwaltung zu geben."[1] Eben so
nachdrücklich wird dies eingeschärft am Schlusse des Briefes an
Jubajan (73): „Das haben wir in Kürze Dir nach unsern
schwachen Kräften geantwortet, liebster Bruder, Niemandem
etwas vorschreibend oder darin präjubicirend, daß ein jeder einzelne Bischof nach seiner Ueberzeugung handele, indem er ja
die freie Macht seiner Willensentscheidung hat."

Auch der römische Clerus steht in der Auffassung der jurisdictionellen Selbstständigkeit der einzelnen Bischöfe auf demselben Standpunkte wie Cyprian. Dieser hatte den Presbytern
und Diaconen der Kirche zu Rom — während der Sedisvacanz

---

[1] Qua in re nec nos vim cuiquam facimus aut legem damus, quando habeat in ecclesiae administratione voluntatis suae arbitrium liberum unusquisque praepositus, rationem actus sui Domino redditurus.

gegen Ende August des Jahres 250 — über Alles berichtet, was zu Carthago und zwischen ihm und seiner Kirche in Bezug auf Bekenner und Gefallene sich zugetragen, und diesem Berichte die Copien mehrerer Briefe beigefügt. Darauf antworten die römischen Presbyter und Diaconen nun „dem Papste Cyprian," und ihre Antwort beginnt mit der Erklärung: „Obgleich ein Jeder, der des guten Strebens sich bewußt, auf die Kraft der evangelischen Disciplin gestützt und in den himmlischen Gesetzen sich selbst ein Zeuge der Wahrheit geworden ist, zufrieden zu sein pflegt mit Gott allein als seinem Richter, ohne nach dem Lobe eines Andern zu streben oder dessen Tadel zu fürchten, so sind die doch doppelten Lobes werth, welche, obwohl wissend, daß sie ihr Gewissen Gott als dem einzigen Richter schulden, dennoch wünschen, daß ihre Handlungen auch von ihren Brüdern gebilligt werden" (Ep 30). Sie bekennen dann, daß sie nicht Cyprian's Richter seien, sondern Theilnehmer an seinem Ruhme.

Ueberwältigend aber und für sich allein schon die Frage, ob Cyprian den Jurisdictionsprimat des römischen Bischofs gekannt habe oder nicht, durch directe Verneinung entscheidend ist das Ereigniß des großen Concils zu Carthago vom September des Jahres 256, an welchem 85 Bischöfe mit ihren Presbytern und Diaconen in Gegenwart und unter Zustimmung einer überaus großen Schaar von Laien persönlich Theil nahmen. Wir meinen hier nicht blos die Thatsache, daß die ganze Kirche in dem proconsularischen Afrika, in Numidien und Mauritanien ihre Selbstständigkeit in dogmatischen Fragen dem römischen Bischofe gegenüber behauptete, — gleichviel ob in dem bestimmten Falle materiell das Recht auf ihrer Seite war —, sondern das mächtige Wort, das Cyprian unter allgemeiner Billigung vor der ehrwürdigen Versammlung sprach. Nachdem nämlich der Briefwechsel zwischen dem Bischofe von Carthago und dem Bischofe Jubajan, worin die Frage über die Giltigkeit der Ketzertaufe nach dem damaligen Standpunkte für die Erforschung theologischer Dinge erschöpfend behandelt war, vorgelesen und damit die Anwesenden in die Lage gebracht worden waren, sich ihr Urtheil selbst zu bilden, sagte Cyprian die bedeutsamen Worte: „Es erübrigt nun, daß wir einzeln über die vorliegende Sache selbst unser Urtheil abgeben, **Niemanden von den Andersdenkenden richtend oder von dem Rechte der Kirchengemeinschaft mit uns zurückweisend. Denn Keiner aus uns hat sich zum Bischof der Bischöfe eingesetzt, Keiner zwingt mit dem Terrorismus eines Tyrannen seine Collegen zum unweigerlichen Gehorsam, da ja ein jeder Bischof vermöge seiner freien Wahl und Gewalt das Recht der eigenen Entscheidung hat und deshalb ebenso wenig von einem Andern gerichtet werden wie selbst einen Andern richten kann. Wir sollen vielmehr insgesammt das Gericht unseres Herrn Jesu Christi erwarten, der einzig und allein die Gewalt hat, uns zur Regierung seiner Kirche zu Vorgesetzten zu machen und andrerseits auch über unsere Verwaltung zu richten."** [1]

Wer Angesichts solcher Worte noch behauptet, Cyprian habe dem Bischofe von Rom den Jurisdictionsprimat über die ganze Kirche zuerkannt, in dem ist der historische Wahrheitssinn völlig erstorben oder er ist nicht wahrhaft.

---

[1] Superest, ut de hac ipsa re singuli quid sentiamus proferamus, — neminem indicantes aut a iure communionis aliquem, si diversum senserit, amoventes. Neque enim quisquam nostrum episcopum se episcoporum constituit aut tyrannico terrore ad obsequendi necessitatem collegas suos adigit, quando habeat omnis episcopus pro licentia libertatis et potestatis suae arbitrium proprium, tamquo indicari ab alio non possit quam nec ipse possit alium iudicare; sed expectemus universi iudicium Domini nostri Jesu Christi, qui unus et solus habet potestatem et praedonendi nos in Ecclesiae suae gubernatione et do actu nostro indicandi.

§ 5.

Die collegialische Einheit.

Die eigentliche juristische Einheit der Kirche culminirt dem heil. Cyprian in dem legitimen Verhältnisse des Bischofs in und zu der Gemeinde, wodurch die Einzelkirche in sich selbst eins ist. Diese stellt ihm dann an und für sich betrachtet schon das ganze Wesen der katholischen Kirche dar. In ihr ist die Einheit der katholischen Kirche zur Erscheinung gekommen und wer sich von ihr trennt, verläßt eben die katholische Kirche. Was in ihr und an ihr als wesentliche Darstellung der Stiftung Jesu Christi erscheint, das muß überall, wo eine Einzelkirche in legitimer Weise Existenz gewinnt, ebenfalls erscheinen. Man darf nicht vorurtheilsvoll der Idee der Katholizität bei Cyprian den Inhalt geben, welchen man in der Jugend von scholastischen Dogmatikern sich angelernt, auch nicht willkürlich eine, wenn auch noch so geistvolle speculative Auffassung vom Standpunkte der heutigen wissenschaftlichen Dogmatik aus übertragen, sondern man hat einfach zu erforschen, was Cyprian sich dabei gedacht. Und es ist nicht anders: die Katholizität ist ihm jene Solidarität des Verhältnisses von Bischof und Gemeinde, vermöge deren in dem Einzelnen überall das Wesen des Ganzen sich offenbart. Hierin liegt der Schlüssel für die Eröffnung des Verständnisses jener berühmten Stelle aus der Schrift de unitate Ecclesiae catholicae über die Einheit des Episcopates. Nachdem Cyprian nämlich im vierten Kapitel dieser Schrift die wesentlichen Merkmale der Einheit der Kirche, wie der Apostel Paulus sie lehrt, angeführt hat, fährt er fort: „Diese Einheit müssen wir unerschütterlich festhalten und vertheidigen, besonders wir Bischöfe, die wir in der Kirche den Vorsitz haben, damit wir auch den Episcopat als den einen und untheilbaren erweisen. Keiner möge die Brüderschaft durch Lüge in die Irre führen, Keiner des Glaubens Wahrheit durch treulosen Abfall verderben. Der Episcopat ist Einer, an dem die Einzelnen

Theil haben mit der Haftung für das Ganze.¹) Auch die Kirche ist Eine, welche in eine Vielheit sich entfaltend bei zunehmender Fruchtbarkeit sich immer weiter ausbreitet." Wenn der Ultramontanismus diese Stelle als Stütze für das Papstthum verwendet, so ist das nur ein Beweis, daß der Unverstand keine Grenze hat. Was die Vaticaner wollen, ist dieses: „Einer repräsentirt das Ganze für Alle, so daß Alle nichts sind ohne ihn, er allein aber Alles ist." Cyprians Worte dagegen bedeuten: „Alle repräsentiren das Ganze je einzeln, wie das Individuum die Gattung." Es ist nicht möglich, daß ein Einzelner die große über die ganze Erde ausgebreitete Heerde der Christenheit leite; daher ist eine Vielheit der Bischöfe nothwendig. Nun ist aber der Episcopat — das Amt — untheilbar; also hat zwar jeder einzelne Bischof nur einen Theil der Heerde, aber das Amt hat er ganz. Der Episcopat ist Einer; — jeder Bischof einer Einzelkirche repräsentirt ihn nach seiner ganzen Idee und ist eben deshalb auch juristisch unabhängig in der Leitung des Theiles der Heerde, welcher ihm anvertraut ist. Daher jener Ausspruch: „den einzelnen Hirten ist ein Theil der Heerde²) zugewiesen, welche ein Jeder regieren und über den er walten soll, nur verpflichtet, von seinem Walten dem Herrn Rechenschaft zu geben." Und deshalb verwirft Cyprian jede Appellation nach Rom oder an irgend einen andern Bischof (Ep. 59, an den römischen Bischof Cornelius).

Außerdem steht zur juristischen Einheit nun aber noch in Beziehung das Collegium der Bischöfe. Wenn nämlich in der Einzelkirche die Katholicität verletzt ist durch inneren Zwiespalt, durch Störung des legitimen Verhältnisses und über-

---

¹) Episcopatus unus est, cuius a singulis in solidum pars tenetur. Diese Ausdrucksweise ist juristisch, hergenommen von dem Falle, daß Viele, ein jeder selbstständig und vollständig, für ein Ganzes haften.

²) — portio gregis — nicht portio potestatis, nicht pars sollicitudinis, welche jeder Bischof vielmehr für seine Gemeinde ganz hat.

haupt, wenn dieses durch den Tod des Bischofs momentan aufgehoben, oder wenn es sonst irgendwie in Gefahr ist, muß, wie früher schon hervorgehoben wurde, Heilung und Hülfe kommen von dem Collegium der Bischöfe. Die neue Wahl wird von den Nachbarbischöfen überwacht und approbirt bei legitimem Hergange; zu ihnen flüchtet auch die innerlich zerspaltene und zerstreute Gemeinde sich, um wieder versammelt und eins zu werden. Wir müssen auf die Stelle wiederholt aufmerksam machen (ep. 68), wonach deshalb die Vielheit der Bischöfe eingesetzt sei, damit, wenn Einer aus dem Collegium eine Häresie zu machen und die Heerde zu zerreißen und zu verwüsten versuche, die übrigen der bedrängten Gemeinde zu Hülfe eilen sollen. Wenn solches Cyprian dem Papste Stephan von Rom als etwas principiell Anerkanntes und Bekanntes schreibt, so scheint ihm doch keine Ahnung von der späteren Lehre, daß der römische Papst die Streitigkeiten unter den Bischöfen und den Zwiespalt zwischen Bischof und Gemeinde zu richten habe, aufgestiegen zu sein.

Die Basis der Legitimität eines Bischofs ist die canonische Wahl durch Volk und Clerus nach dem Vorgange der Apostel bei der Ersetzung des Judas. Besiegelt und geschützt wird sie durch das Collegium der Gesammtheit der Bischöfe. Ja, der allgemeine spätere Consens dieser für einen Bischof läßt es nicht zu, daß man die legitime Form einer Wahl hinterher in Frage stelle und angreife (ep. 59). Andererseits verliert selbst ein rechtmäßiger Bischof, dessen Wahl jeder andern, die ihm etwa ein Gegenbischof hingestellt, vorausgegangen, seine Legitimität durch freiwillige Lossagung von dem Collegium. „Das bischöfliche Amt könnte Keiner, wie sehr er auch die Priorität der Wahl für sich hätte, wenn er selbst von der lebendigen Verbindung mit seinen Mitbischöfen abfiele, noch festhalten." (ep. 55). Es ist daher von der größten Wichtigkeit für das Verständniß der Totalanschauung Cyprian's, die Natur der collegialischen Verbindung der Bischöfe kennen zu lernen.

§. 6.
Die Einheit der Gesammtkirche ist ihrer Natur nach Concordia oder Einmüthigkeit.

Wie unbedingt nothwendig auch das Collegium der Bischöfe zur Constatirung und Bewahrung der Legitimität des Einzelbischofs in seiner Gemeinde, d. h. zur Mitbegründung und Sicherung des Rechtsbestandes der Einzelkirche ist, so ist das wesentliche Band seines eigenen Zusammenhanges doch nicht juristischer Natur. Es hat die juristische Einheit der Einzelkirche nur zur Voraussetzung und die Sorge für die Aufrechterhaltung derselben. Aber in Bezug auf die zu erfüllende Aufgabe der christlichen Religion, welche in der gesetzlich geordneten Einzelkirche der Gemeinde gestellt ist, hat innerhalb des Collegiums kein Bischof dem andern Vorschriften zu machen oder zu befehlen unter Straf- und Zwang-Androhung. Wohl gibt es Angelegenheiten der allgemeinen Kirche, in Betreff welcher eine Uebereinstimmung des Collegiums und ihrer Gemeinden zu erstreben ist. So erklärt Cyprian ausdrücklich, die Bedingungen für die Wiederaufnahme der Gefallenen zu berathen und festzustellen, sei eine Sache, welche nicht bloß eine einzelne Kirche oder auch eine einzelne Provinz angehe, sondern den ganzen Erdkreis (ep. 19). Aber durch die gemeinsame Berathung (commune consilium) wird dem Einzelnen keine Gewalt angethan, er wird, wenn er seinen eigenen Weg geht, von den Andern deshalb nicht excommunicirt. Wer einmal rechtmäßiger Bischof ist, kann aus dem Organismus des episcopalen Collegiums nur herausfallen durch Verleugnung des Namens Jesu, durch schwere sittliche Verbrechen oder durch freiwilliges Zerreißen des Bandes der Liebe. Denn die Einheit der allgemeinen Kirche offenbart sich als Concordia, als Einmüthigkeit. „So lange das Band dieser Einmüthigkeit fortbesteht und somit das

Geheimniß der Untheilbarkeit der katholischen Kirche fortdauert, ordnet und leitet ein jeder Bischof, — dem Herrn allein Rechenschaft von seiner Absicht schuldig, — seine Verwaltung selbstständig" (ep. 55). Niemand, heißt es in demselben Briefe, „werde hart und grausam von der Kirche abgetrennt", so daß er gezwungen sei, zu den Heiden oder Schismatikern zu gehen. Selbst eine so wichtige Differenz, wie die dogmatische Meinungsverschiedenheit über die Ketzertaufe, womit doch entschieden wurde, ob Einer zur Kirche gehöre oder nicht, sollte nach Cyprian keine Ursache der Trennung oder der Aufhebung der Kirchengemeinschaft sein. Das erklärt er jedesmal, wenn er die Frage erörtert nicht, als ob er in seiner Meinung wankend sei, sondern in der festen Ueberzeugung, daß die Hauptsache für das Collegium der Bischöfe sei, „**das Band des Friedens und der Eintracht**", bei gegenseitiger Achtung der gleichen Selbständigkeit jedes Bischofs und des Rechtes, Eigenthümlichkeiten in seiner Gemeinde zu haben, zu bewahren (ep. 72 an Papst Stephan).

Also die Einheit des Collegiums der Bischöfe ist auch nicht einmal nach der Aehnlichkeit einer republicanischen Verfassung, so daß Einer als Präsident mehr Rechte, als die Andern hätte oder über die Andern irgend eine Gewalt übte; weder wird die Verwaltung der Einzelkirche durch ein Oberhaupt von außen juristisch bestimmt, noch werden dogmatische Auffassungen, wie sie bei der Unantastbarkeit des apostolischen Bekenntnisses dennoch durch die Praxis bedingt, in Verschiedenheit hervortreten, maßgebend für Kirchengemeinschaft.

Die Einheit ist keine mechanische, sondern eine lebendige; ihre Wurzeln liegen nicht offen zu Tage, sondern sie sind verborgen in der Tiefe: **die Einheit ist ein Geheimniß** (sacramentum). Ihre Ursache ist kein Verfassungs- oder Rechts-Codex, den man mit Händen greifen könnte, sondern der unsichtbar waltende Geist Gottes in den Herzen.

Man könnte nun fragen: wenn der heil. Geist in den Einzelnen frei waltet und schafft, wenn in der Einzelkirche alles Wesentliche der göttlichen Stiftung des Christenthums zur Erscheinung kommt, — wozu dann noch das Streben nach der Einheit Aller? — Es wäre genug, darauf zu antworten: die christliche Religion führt den Menschen zur vollen Ausgestaltung seines ethischen Wesens, aber die Menschheit ist Eine, auch das ganze Geschlecht in seiner Einheit muß zur Offenbarung seiner verklärten Natur gelangen. Doch Cyprian hat noch einen andern Grund, den er tiefer hervorholt. Er sagt: wohl ist alles Wesentliche schon im Einzeln, aber kein Einzelner, auch keine Einzelkirche kann die ganze Fülle des göttlichen Geistes fassen; um also des unendlichen Reichthums seines Lichtes und seiner Gaben inne zu werden, ist die Gemeinschaft Aller nothwendig. Dieser Gedanke zieht sich durch alle seine Schriften hin. Firmilian, sein Freund und Geistesverwandter, hat denselben in sein ausgeprägter Form wiedergegeben: „Das göttliche Wort überschreitet (an Größe und Fülle) die menschliche Natur und die Seele kann es weder nach seinem ganzen Inhalte, noch in seiner Vollkommenheit (der Qualität nach) erfassen; und das ist der Grund, warum es eine so große Zahl Propheten gibt, damit nämlich durch die Vielen die vielfältige Weisheit Gottes — strahlenweise — mitgetheilt werde".[1]) Daher hält er nun auch die jährlichen Synoden für nothwendig, indem der Geist nur in solcher Gemeinschaft nach der Vielheit und Fülle der Gaben sich offenbare. In der höchsten Mannigfaltigkeit und mit dem vollen Reichthum ist er nur in der ganzen Christenheit, deren Einheit daher auch vollkommenen Werth hat. Aber wie die Vielheit der Strahlen der Offenbarung des göttlichen Geistes durch die Begrenztheit der Creatur gegenüber der Unermeßlichkeit Gottes bedingt ist, so nöthigt uns die Sichselbstgleichheit und schlechthinige Einheit des göttlichen Wesens hinwiederum alle Strahlen auf den Einen Lichtquell zurückzuführen. Die von den mannigfaltigen Strahlen Erleuchteten erkennen durch den

---

[1]) Ep. 75: Sermo divinus humanam naturam supergreditur nec potest totum et perfectum anima concipere; idcirco et tantus est numerus prophetarum, ut multiplex et divina sapientia per multos distribuatur.

inneren Zusammenhang mit der Einheit sich verwandt; es ist die Einheit des Göttlichen, welche sie geheimnißvoll innerlich verknüpft. Dadurch entsteht das wunderbare Bewußtsein von dem Geheimnisse der Einheit, jener Einheit, die alle Schranken des Raumes der Zeit überwindet und Entferntes und Vergangenes in die Gegenwart rückt. „Mächtig ist die Gnade Gottes zusammenzufügen und zu verbinden, auch dasjenige, was durch noch so weiten Zwischenraum von einander getrennt erscheint." „Die göttliche Kraft verband Job und Noe mit Ezechiel und Daniel zur Einmüthigkeit trotz der zwischen ihnen liegenden Zeiten." „Denn, da der Herr, der in uns wohnt, Einer und derselbe ist, so verbindet und verknüpft er die Seinigen überall durch das Band der Einheit." Das Letztere sagt Firmilian in Bezug auf seine Gemeinschaft mit dem so weit entfernten Cyprian, der mit ihm eines Sinnes und Geistes sei, was Alles geschehe durch die göttliche Kraft der Einheit (ep. 75). So sei auch das Wort der Apostel des Herrn, indem sie in der Kraft des Geistes der Einheit raschen Laufes dahergekommen, über die ganze Erde geeilt.

In diesem Sinne der Einheit durch den Geist Gottes und der Vielheit der Kirchen vermöge der Natur des Menschengeschlechtes, das in seiner Endlichkeit das göttliche Wesen nicht ganz zu fassen vermag und in Milliarden Individuen über die Erde verbreitet ist, verstehen wir auch die schöne Stelle Cyprian's von der Einheit der Kirche in ihrem göttlichen Grunde, welche nur aus thörigtem Mißverständnisse auf eine juristische Einheit durch den Papst von Rom gedeutet worden ist. (De unit. c. 5.). Wie der Episcopat Einer ist, obgleich es viele Bischöfe gibt, so ist auch die Kirche Eine, welche in einer Vielheit sich offenbart, ähnlich, „wie der Sonnenstrahlen Viele sind, doch nur Ein Licht, wie des Baumes Aeste Viele, die Eiche aber Eine ...., und wenn aus der Einen Quelle zahlreiche Bächlein fließen, mag immerhin ihre große Anzahl bei der überströmenden Fülle wie sich theilend ausgegossen scheinen: die Einheit wird doch bewahrt in ihrem Ursprunge. Trenne ab den Strahl vom Sonnenkörper: des Lichtes Einheit erfährt keine Theilung; vom Baum breche den Ast: der abgebrochene wird nicht mehr sprossen können; von der Quelle schneide ab den Bach: der abgeschnittene wird austrocknen. So sendet die Kirche, von des Herrn Licht durchströmt, über den ganzen Erdkreis ihre Strahlen aus, doch ist das Licht nur Eines, welches überall ausgegossen wird, ohne daß die Einheit des (Licht=) Leibes getheilt wird; in ihrer Fruchtbarkeit dehnt sie ihre Aeste aus über die ganze Erde; die reichlich hervorsprudelnden Bächlein breitet sie immer weiter aus: Eines jedoch ist das Haupt (der Herr, Christus), Ein Ursprung, Eine Mutter." Mit Beziehung auf die letzten Worte heißt es dann später: „Es kann Gott nicht zum Vater haben, wer die Kirche nicht zur Mutter hat", — ein viel mißbrauchter Ausdruck. Wer damals den Papst von Rom für „die Mutter" ausgegeben hätte, indem er „die Kirche" sei, den hätte Cyprian für wahnsinnig gehalten.

Eine unerläßliche Bedingung für den Zutritt zu der Einheit der Kirche ist die Taufe. In der Einen Kirche ist die Eine Taufe, und wer diese nicht empfangen hat, der ist auch nicht in der Kirche. Das ist ein Grundgedanke in den Briefen 69—75.

Ein Ausdruck der Einheit ist das gemeinsame Festhalten der Bischöfe der ganzen Welt an „der Richtschnur der evangelischen Wahrheit und der Ueberlieferung des Herrn" (ep. 62), doch nicht auf äußeren Befehl unter Strafandrohung, sondern durch innere Kraft, durch die Glaubensmacht im Geiste Gottes.

Das allgemeine Band aber ist die Liebe, und zwar nicht die durch Gehorsam gegen den Papst von Rom sich angeblich offenbarende Liebe gegen Gott in seinem Stellvertreter, sondern die echt evangelische Nächstenliebe, welche ihr Feuer empfängt von der Gottesliebe. Kaum dürfte sich ein Gedanke finden, der in den Schriften Cyprian's so häufig und so viel variirt im Ausdrucke vorkäme, wie der von der Einheit der Bischöfe und der Kirchen untereinander durch das Band des Frie=

bens und der Liebe. Der Austausch, die Hülfe durch Rath und That, das Mitleid, die Mitfreude, der gesammte Verkehr innerhalb der Gemeinde, der Provinz, des Reiches, des Erdkreises — wird motivirt durch dieses Band. Insbesondere hat auch aller kirchliche Verkehr zwischen der nordafricanischen Kirche und Rom nur hierin seinen Grund und seine Berechtigung. Alles geschieht unter ihnen „aus gegenseitiger Liebe" (pro caritate mutua, ep. 60).

Zur Charakteristik dieses Bandes der Liebe sei noch in Kürze Folgendes hervorgehoben. Wenn Cyprian auf eine biblische Begründung eingeht, so citirt er Worte des Herrn bei Johannes oder eigene Worte dieses Jüngers der Liebe. Den idealen Grund findet er demgemäß in dem Verhältnisse zwischen dem Sohne Gottes und dem Vater und überhaupt in der Trinität, was seine Schrift über die Einheit der Kirche auch nachdrücklich betont. Die Verwirklichung des Bandes der Liebe ist dann eine Anordnung Gottes, ein Geheimniß seiner Gnade; wer den Frieden — wie das Band auch heißt — bricht, geht gegen Christus an. Nach seiner idealen Beziehung und gnadenreichen Verwirklichung ist es einleuchtend, daß das Einheitsband der Gesammtkirche den Charakter der Innerlichkeit haben muß, so daß kein sichtbares Centrum in ursächlichem Verhältnisse zu demselben sich befinden kann. Für diese Innerlichkeit findet Cyprian nicht Worte genug. Alle Bezeichnungen des inneren Lebens ruft er zu Hülfe, um seinen Gedanken anschaulich zu machen; vor Allem aber redet er von der Einheit des Geistes und von der Gemeinschaft des Herzens. Ueberaus geläufig ist ihm die Bezeichnung des Bandes der Liebe als concordia. Diese wird dann noch näher bestimmt als eine Cohärenz der Herzen durch den Kitt der Liebe. Auch der Ausdruck Cohärenz — ein Zusammenhang durch innere Kraft der Einigung — kehrt immer wieder, so daß Citate hier überflüssig sind. Endlich wird die Einheit als eine organische bezeichnet mit dem paulinischen Ausdruck „Leib" (corpus). Auch dieses Wort gehört zu den häufigsten.[1] Daraus folgt dann das Prädicat der **Untheilbarkeit**. Die Einheit der Kirche ist **untheilbar** (individua), **unzertrennbar** (inseparabilis). Es sind dies die beständigen Prädicate. Die Bilder von der Sonne und ihren Strahlen, von dem Baume und seinen Aesten, von der Quelle und ihren Bächen sind unzureichend, weil von den Erscheinungen der in sich theilbaren Natur hergenommen; am unzureichendsten aber ist das in der Schrift über die Einheit der Kirche ebenfalls angewandte Bild vom „ungenähten Rock" (tunica eius per totum textilis et cohaerens). Vielleicht nicht so sehr wegen der allerdings blendenden Anwendung, welche Cyprian in seiner geistreichen Weise davon macht, als wegen der Oberflächlichkeit der päpstlichen Theologen, die sich desselben bemächtigten, um in geistloser, oft alberner Weise den Primat damit zu beweisen, ist gerade dieses Bild das berühmteste geworden.

Die Einheit der Kirche, eben in dem Sinne, wie der heil. Cyprian sie selbst lehrt, ist kein äußerliches, wenn auch noch so künstlich gewebtes Gewand, keine monarchisch eingerichtete sichtbare Institution, sondern etwas innerlich Lebendiges, geheimnißvoll sich von Innen heraus Offenbarendes. Sie ist Liebeskraft und ihr Leben beruht deshalb auf **Gegenseitigkeit**, die ja Cyprian in seiner Lehre von der Einheit eben auch als wesentlich hervorhebt. Und hierin ist der Schlüssel gefunden für das Verständniß der **Untheilbarkeit** der von ihm verherrlichten Einheit. Es kann nämlich Niemand aus dieser Einheit durch äußere Gewalt oder durch einen Akt der Auctorität in ihrer despotischen Aeußerlichkeit hinausgeworfen werden. Keine in juristischen Formeln abgefaßte Excommunication im heutigen Sinne mit noch so großem Siegel könnte ein Glied der Kirche von dieser Einheit abtrennen. Nur durch lieblose Aufhebung der Gegenseitigkeit kann der Einzelne aus dem Liebesbunde

---

[1] Ep. 62 begegnen wir der anschaulichen Ausdrucksweise: Adunationis nostrae corpus unum.

herausfallen. Aber auch dadurch entsteht keine Theilung der Einheit; denn der sie selbst Verlassende nimmt sie nicht mit; Egoismus schließt die Liebe aus: mit dem Ersterben der Nächstenliebe stirbt auch die Liebe Jesu Christi in ihm. Das Schicksal derer aber, die in der Gegenseitigkeit der Liebe verharren, ist nur Eines, sie fühlen sich unzertrennlich durch die Liebesmacht aneinander gebunden. „An Eure Ehre knüpft uns Eure unzertrennliche Liebe, und der Geist erlaubt der Liebe nicht, sich loszureißen", — schreibt Cyprian an die Bekenner im Kerker (ep. 15). Nicht von der Einheit einer juristischen Institution redet Cyprian, sondern von dem „untrennbar geeinten Volke Christi." (At vero quia Christi populus non potest scindi, heißt es in der Schrift über die Einheit). Das Volk selbst ist (nach paulinischem und petrinischem Ausdruck) das Haus Gottes. Kein Kind kann hinausgestoßen werden durch auctoritativen Akt; es muß nur selbst darin bleiben wollen. „Diejenigen sind die Kirche (die Eine), welche in dem Hause Gottes bleiben" (ep. 59), — die nicht selbst hinausgehen. Antichristen sind diejenigen, welche von der Liebe und damit von der Einheit der katholischen Kirche sich abwenden (ep. 69).

Am empfindlichsten wird die Kirche zerrissen nach Cyprian, wenn in Einer Stadt zwei Bischöfe aufstehen und demnach zwei Kirchen sich bilden. Wir müssen auf diese Theorie von der Einheit der Einzelkirche, wie er sie durch zahlreiche Stellen des alten und des neuen Testaments zu begründen sucht, noch einmal zurückkommen. Am schroffsten spricht er sie aus in der Schrift über die Einheit der Kirche, wo er, anknüpfend an die Worte des Herrn: „es wird Eine Heerde und Ein Hirt sein", sagt: „und es meint noch Jemand, es könne an Einem und demselben Orte viele Hirten und viele Heerden geben?" Er hat nämlich die Ansicht, daß jede Stadt gleichsam ein Haus Gottes ist, in welchem alle Christen daselbst einmüthig und Eines Herzens voll Einfalt zusammen wohnen sollen. Wird nun die Familie Gottes durch zwei Bischöfe getheilt, so erscheint ihm dies als das größte Unheil: die Kirche ist dann zerrissen und der Theil, welcher die Ursache ist, verliert die Substanz des Heiles. Zwar hätte er aus dem Schlusse des Römerbriefes ersehen können, daß gleich Anfangs zu Rom mehrere kleine Gemeinden bestanden, denen der Apostel auch den Namen „Kirche" gab; allein mit seiner Theorie steht und fällt ihm das ganze Christenthum; daher hat er kein Auge für die Widersprüche in den Thatsachen. Als Ursache der Spaltungen gibt er Ambition, Neid und Eifersucht an. Das sind die unheilstiftenden Ursachen, durch welche „das Band des Friedens im Herrn zerrissen, die brüderliche Liebe verletzt, die Wahrheit gefälscht, die Einheit gespalten wird, — durch welche man sich in Häresien und Schismen stürzt, indem man die Priester anklagt, die Bischöfe mit Neid verfolgt, denn man beklagt sich, daß man nicht vielmehr selbst Bischof geworden, oder man kann einen Andern als Vorgesetzten nicht ertragen." (De zelo et livore).

Die Einheit zu bewahren ist die höchste Pflicht Aller. Keine Mahnung vernehmen wir von Cyprian öfter, wie diese. Jeder Lobpreis der Einheit ist in seinem Munde eine solche Mahnung; bei jedem Zwiste hören wir sie wieder. Daher schärft er unabläßig Toleranz ein, auch bei Verschiedenheit der dogmatischen Anschauung. Das Einanderertragen ist ihm Hauptsache. Demuth, Milde, unüberwindliche Geduld, — das sind die Kräfte, der Liebe den Sieg zu bewahren. Und er hat sich darin bewährt, wie kaum ein Zweiter unter seinen Zeitgenossen. In dem Streite über die Ketzertaufe ist er das reine Bild der unbesiegbaren Milde, so weit die Personen in Frage kamen, während Stephan die harte und zornige Intoleranz personificirte, was um so greller sich ausnahm, als der Papst von Rom gerade die weitherzigere Ansicht in der Sache vertrat. Cyprian schrieb, als er sah, wie die Gemüther sich erbitterten und den Bund der Liebe störten, sein schönes Büchlein von dem Gute der Geduld (de bono patientiae); um den Bruch der Liebesgemeinschaft wegen der dogmatischen Differenz zu verhüten, zeigte er, wie die Liebe Alles duldet, Alles erträgt und darum Alles übersteht.

In dem Briefe an Jubajan (73) bezeugt er: „von uns wird bewahrt in Geduld und Milde die herzliche Liebe, die Ehre des Collegiums, das Band der Treue, die Einmüthigkeit des Priesterthums." Und zur Würdigung dessen schickt er ihm das Büchlein von dem Gute der Geduld. Wie die Einheit ihren idealen Grund in der Trinität hat, so ist auch das Urbild der Geduld, durch welche sie bewahrt wird, in Gott zu suchen. Also heißt es nun: das Urbild der Geduld ist Gott selbst. Er erträgt es in Geduld, daß die Menschen zur Beschimpfung seiner Majestät und Ehre Götzentempel errichtet, die Ihm gebührende Anbetung irdischen Gebilden zugewandt und den Ihm heiligen Dienst entweiht haben. Er läßt den Tag anbrechen und die Sonne aufstrahlen über Gute und Böse, Er tränkt die Erde mit Regengüssen, und Niemand wird von der Wohlthat ausgeschlossen, — ohne einen Unterschied zwischen den Gerechten und den Ungerechten zu machen, spendet Er den Regen. Wir sehen, wie auch bei seiner von Ihm untrennbaren, stets sich selbst gleichen Geduld auf Gottes Wink den Schuldigen und Unschuldigen, den Religiösen und Irreligiösen, den Danksagenden und Undankbaren die Zeitverhältnisse sich fügen, die Elemente dienen, die Winde wehen, die Quellen fließen, die Saaten in Fülle wachsen, die Trauben der Weinberge reifen, die Obstbäume mit Obst sich beladen, die Haine grünen, die Wiesen mit Blumen sich bedecken. Und obgleich Gott durch Beleidigungen fort und fort gereizt wird, so mäßigt er seinen Zorn und harret in Geduld des bestimmten Tages der Vergeltung. Er ist mächtig, Rache zu nehmen, aber Er zieht es vor, in der Geduld zu bleiben und harret der Bekehrung; denn Er will nicht den Tod des Sünders. So ist nun auch in der Kirche der Milde, der Geduldige, der Sanftmüthige, der Nachahmer Gottes des Vaters. Auch auf den Sohn weist Cyprian hin, auf die Geduld Jesu im Leben von der Wiege (Krippe) bis zum Kreuze und auf seine Lehre in der Bergpredigt. Dann heißt es: „Den Jüngern stand er nicht vor wie Sklaven mit despotischer Gewalt, sondern gütig und sanften Sinnes liebte er sie mit brüderlicher Liebe." Er wusch ihnen die Füße, nahm den Kuß des Verräthers an und hatte selbst noch ein Wort der Liebe für diesen. Er weinte über die Juden zu Jerusalem und wollte sie sammeln, wie die Henne ihre Küchlein. Er ist das Vorbild für die Seinen; Liebeskraft macht sie einig; aber die Geduld schützt Liebe und Einheit. „Die Liebe ist das Band der Bruderschaft, das Fundament des Friedens, die Wurzelkraft und Befestigerin der Einheit; sie ist größer als Hoffnung und Glaube, sie hat mehr Werth, als Werke und Martyrien; sie wird ewig lebend bei Gott in den himmlischen Reichen mit uns sein immerdar. Nimm ihr die Eigenschaft der Geduld, und allen Schmuck verlierend, hört sie auf zu existiren."

Die Kircheneinheit mit allen ihren Gütern hängt an der Toleranz.